POLYGLOTT

SINGAPUR

ON TOUR

DIE AUTOREN

BRUNI GEBAUER UND STEFAN HUY

sind echte Singapur-Fans. Auch, weil sie bei jedem Besuch von neuen Attraktionen überrascht werden. Ihnen gefällt, wie in dem asiatischem »Musterländle« der Alltag funktioniert, die öffentlichen Toiletten ebenso blitzblank sind wie die U-Bahnsteige und exotische Speisen appetitlich aus der Garküche kommen.

Unser E-Book-Code zur elektronischen Erweiterung des POLYGLOTT on tour. Das kostenlose E-Book enthält die im Reiseführer aufgeführten Adressen entlang der Touren, beispielsweise zu Essen und Trinken, Shoppen, Aktivitäten und Hotel-Tipps. Links auf einen externen Kartendienst vereinfachen das Auffinden dieser Adressen.

WWW.POLYGLOTT.DE

SEITENBLICK

28 Singapur persönlich
46 Hawker Stalls
86 Raffles Hotel
100 Shopping
107 Chinesische Tempel

ERSTKLASSIG

31 Hotels zum Wohlfühlen
34 Lieblings-Restaurants
52 Märkte mit Lokalkolorit
55 Angesagte Nightlife-Spots
62 Naturoasen
116 Gratis entdecken

ALLGEMEINE KARTEN

4 Übersichtskarte der Kapitel
58 Die Lage von Singapur

STADTTEIL-KARTEN

80 Singapore River und Marina Bay
94 Orchard Road
105 Chinatown
115 Little India und Arab Street
125 Geylang Serai und Katong
131 Sentosa

REGIONEN-KARTEN

136 Ausflüge

6 TYPISCH

8 Singapur ist eine Reise wert!
11 Was steckt dahinter?
12 50 Dinge, die Sie ...
159 Meine Entdeckungen
160 Checkliste Singapur

20 REISEPLANUNG & ADRESSEN

22 Die Stadtviertel im Überblick
23 Klima & Reisezeit
23 Anreise
25 Stadtverkehr
27 Unterkunft
33 Essen & Trinken
48 Shopping
53 Am Abend
152 Infos von A–Z
155 Register & Impressum

56 LAND & LEUTE

58 Steckbrief
60 Geschichte im Überblick
61 Natur & Umwelt
64 Die Menschen & ihre Kulturen
71 Feste & Veranstaltungen
158 Mini-Dolmetscher

SYMBOLE ALLGEMEIN

Erstklassig: Besondere Tipps der Autoren

Seitenblick: Spannende Anekdoten zum Reiseziel

12 Top-Highlights und Highlights der Destination

74 TOUREN & SEHENSWERTES

76 SINGAPORE RIVER UND MARINA BAY
78 Tour 1 Auf Raffles Spuren
89 Tour 2 Marina Bay

91 RUND UM DIE ORCHARD ROAD
93 Tour 3 Klimatisierter Konsummarathon

102 CHINATOWN
103 Tour 4 Tempel, Tee und Shop Houses

112 LITTLE INDIA
113 Tour 5 Singapur in Sari und Seide

118 RUND UM DIE ARAB STREET
119 Tour 6 Im Schatten der Sultan Mosque

123 GEYLANG SERAI UND KATONG
124 Tour 7 Erbe der Malaien und Peranakan

128 SENTOSA
129 Tour 8 Inselhüpfer ins Vergnügen

134 AUSFLÜGE & EXTRA-TOUREN
135 Bukit Timah Nature Reserve, Mandai Nature Park
138 Southern Ridges
138 Jurong
140 Siong Lim Temple
140 Vorgelagerte Inseln
142 Indonesische Inseln
143 Malaysia
146 Tour 9 Kurzer Stopover – Shoppen und Chinatown
147 Tour 10 Altes und neues Singapur
149 Tour 11 Kultur-, Konsum- und andere Tempel

TOUR-SYMBOLE

- 1 Die POLYGLOTT-Touren
- 6 Stationen einer Tour
- 1 Zwischenstopp Essen & Trinken
- A1 Die Koordinate verweist auf die Platzierung in der Faltkarte
- a1 Platzierung Rückseite Faltkarte

PREIS-SYMBOLE

	Hotel DZ	Restaurant
€	bis 90 EUR	unter 23 EUR
€€	90 bis 180 EUR	23 bis 35 EUR
€€€	über 180 EUR	über 35 EUR

ZEICHENERKLÄRUNG DER KARTEN

	beschriebenes Stadtviertel (Seite=Kapitelanfang)		Hauptstraße
10 E h	Sehenswürdigkeiten		sonstige Straßer
10	Zwischenstopp Essen & Trinken		Fußgängerzone
4	Tourenvorschlag		Eisenbahn
	Autobahn		Staatsgrenze
	Schnellstraße		Landesgrenze
			Nationalparkgre

Perfekte Planung > Parallel vordere Klappe aufschlagen

TOP-12-HIGHLIGHTS

1. MERLION PARK > S. 78
2. NATIONAL MUSEUM OF SINGAPORE > S. 85
3. RAFFLES HOTEL > S. 88
4. MARINA BAY SANDS > S. 89
5. GARDENS BY THE BAY > S. 90
6. ORCHARD ROAD > S. 93
7. BOTANIC GARDENS > S. 99
8. SRI MARIAMMAN TEMPLE > S. 104
9. SULTAN MOSQUE > S. 121
10. SENTOSA > S. 129
11. BUKIT TIMAH NATURE RESERVE > S. 135
12. SINGAPORE ZOO > S. 135

Die Marina Barrage versorgt Singapur nicht nur mit Trinkwasser, ihr begrüntes Dach dient auch als Spielwiese

TYPISCH

SINGAPUR IST EINE REISE WERT!

Der Stadtstaat macht es leicht, das tropische Südostasien hautnah zu erleben. Fernöstliche Kulturen kombiniert mit westlicher Lebensart sind von ganz besonderem Reiz. Besucher Singapurs schauen, staunen – und shoppen. Und schmecken die würzige Vielfalt asiatischer Küchen.

BRUNI GEBAUER UND STEFAN HUY sind echte Singapur-Fans. Auch, weil sie bei jedem Besuch von neuen Attraktionen überrascht werden. Ihnen gefällt, wie in dem asiatischem »Musterländle« der Alltag funktioniert, die öffentlichen Toiletten ebenso blitzblank sind wie die U-Bahnsteige und exotische Speisen appetitlich aus der Garküche kommen.

Schon die Landung in Singapur erfolgt ganz weich, auf dem Changi Airport, für uns der attraktivste und komfortabelste Flughafen der Welt, den wir besonders bei der Abreise ausgiebig genießen. Denn die Ankunft geht rasend schnell: von der Landung bis zur Ankunft im City-Hotelzimmer vergeht meist nicht mehr als eine Stunde. Perfekt!

Wenig später wandeln wir im Zentrum der Stadt über hell erleuchtete Prachtstraßen zwischen schicken klimatisierten Shoppingmalls, eleganten Hotelkomplexen und glasverbrämten Bürotürmen. Dazwischen und drumherum gepflegte Parkanlagen und sogar Natur pur, wie im Bukit Timah Nature Reserve. Die Alternative gibt es aber auch, ganz natürlich-künstlich: eine gigantische Glaskuppel konserviert das tropische Grün der Gardens by the Bay. Ebenso perfekt!

Singapur steht für Superlative, wächst stetig in die Höhe (und oft auch in die Tiefe), weil das 700 km² kleine Inselreich anders nicht kann – Landgewinnungsmaßnahmen vor der Küste ausgenommen. Zu den jüngsten und prestigeträchtigsten Baumaßnahmen gehört Marina Bay, wo die Luxusherberge Marina Bay Sands in 200 m Höhe von einem 150 m langen Pool überdacht wird. Was für ein Blick auf diese Metropole, die 2015 ihren 50. Geburtstag feierte und Effizienz in Perfektion auf ihre Flagge geschrieben zu haben scheint. Zur Vision der Megacity von sich selbst gehört es auch, neuesten Entwicklungen immer einen Schritt voraus zu sein. Das schlägt sich in Projekten nieder, die ganz Singapur zur WiFi-Zone machen oder durch vertikale Begrünung das Mikroklima verbessern sollen.

Auf uns jedenfalls macht Singapur mächtig Eindruck. Wir sind begeistert von der blitzblanken U-Bahn, die uns preiswert, schnell und ohne Verspätungen durch die Stadt befördert. Und vom hohen Hygienestandard, der nicht nur für saubere öffentliche Toiletten sorgt. Tatsächlich können Sie in Singapur unbesorgt selbst von der einfachsten Garküche essen, weil auch die Gastronomie strengsten Kontrollen unterliegt. Apropos Essen: für uns von allen Gründen nach Singapur zu reisen zweifellos der wichtigste. Wo sonst in der Welt gibt es auf relativ kompaktem Raum solch ein appetitliches Potpourri asiatischer und sonstiger Kochkunst für jeden Geldbeutel?

In dem Inselstaat leben viele Völker weitgehend friedlich zusammen: Chinesen, Malayen, Indonesier, Inder und zahlreiche Expats. Dass sie eher neben- als miteinander leben hat Tradition, seit in der Kolonialzeit getrennte Wohnviertel für unterschiedliche Volksgruppen angelegt wurden.

Noch heute gibt es Chinatown, das sich aller sanierungswütigen Stadtplanung zum Trotz eine gewisse Authentizität bewahrt hat, nicht zuletzt wegen der gut erhaltenen historischen Tempelbauten. Oder Little India mit seinen aromatisch ausdünstenden Gewürzläden und bunt schillernden Saris in den Schaufenstern der Textilgeschäfte. Sehenswerte muslimische Viertel, in denen überwiegend Malayen leben, sind Geylang Serai/Katong und die Straßenzüge um die Arab Street.

Little India ist nicht nur das duftintensivste, sondern auch das bunteste Viertel Singapurs

Im arabischen Viertel überragt die Kuppel der Sultan-Moschee liebevoll restaurierte Shop Houses

Zugegeben, solche Exkursionen bei tropischer Hitze zehren, zumal mit Jet-Lag, durchaus an der Kondition. Doch kein Problem: Wenn es uns zu viel wird, gleiten wir im modernen Singapur gerne in die klimatisierten Unterführungen ab, deren attraktive Ladenzeilen, Cafés und Restaurants sich auch für Schaufensterbummel im Untergrund anbieten. So lassen sich z. B. die etwa 500 m Luftlinie zwischen dem Raffles City Shopping Centre und der Esplanade mit den Theatres on the Bay schattig und angenehm temperiert unter der Erde bewältigen. »Shop 'til you drop« – Einkaufen bis zum Umfallen – ist nichts, wofür sich die Singapurer schämen. Konsum gilt als vergnügliche Freizeitbeschäftigung, der vor allem am Samstag, noch mehr aber am Sonntag, in den mehrstöckigen klimatisierten Einkaufspalästen gefrönt wird.

In letzter Zeit beeindruckt uns die Stadt vor allem mit ihrer anspruchsvollen Kulturszene, die eine vielfältige Museumslandschaft einschließt. Moderne Theater-, Opern-, Musical- und Ballettbühnen werden gern von internationalen Künstlern bespielt. Die Einheimischen mögen abendliche Freiluftdarbietungen bei kühler Brise vom Meer; großer Beliebtheit erfreut sich nach wie vor auch Wayang, die traditionelle Chinese Opera.

Singapur ist tatsächlich jede Reise wert: ob lediglich als Stopover mit Gelegenheit zu einer Stadtrundfahrt oder als eigenständiges Reiseziel mit genügend Zeit, auch mal zu einem Ausflug ins nahe Malaysia aufzubrechen. Viel Spaß! Sie werden ihn haben!

WAS STECKT DAHINTER?

Die kleinen Geheimnisse sind oftmals die spannendsten. Hier werden die Geschichten hinter den Kulissen erzählt.

WOHER HAT DIE ORCHARD ROAD IHREN NAMEN?

Zu beiden Seiten der 2,2 km langen Einkaufsstraße, die heute weltweit die größte Dichte an Shoppingcentern haben soll, erstreckten sich Mitte des 19. Jhs. noch ausgedehnte Plantagen *(orchards)*, auf denen Gewürze wie Pfeffer und Muskat angebaut wurden. Nachdem Chulalongkorn, der König von Siam, hier 1890 ein Anwesen erworben hatte, ließen sich auch viele wohlhabende Privatleute entlang der Straße Villen und Bungalows errichten. Schon damals verkauften mobile Händler ihre Waren, doch die Geburtsstunde der Orchard Road als kommerzielles Herz von Singapur schlug im Jahr 1903 mit der Eröffnung des ersten Supermarkts auf dem Areal des heutigen Centrepoint.

WIESO SERVIERT DAS RAFFLES EINEN COCKTAIL NAMENS »STRAY TIGER«?

Das Raffles ist die wohl reinste Verkörperung eines kolonialen Grandhotels. Zu seiner Legendenbildung trug neben der Erfindung des Singapore Sling durch einen Raffles-Barmann vor allem die Tatsache bei, dass unter seinem Billardsaal 1902 Singapurs letzter Tiger erlegt worden sein soll. Bald wurde aus dem Saal der Billardtisch, umgekehrt unterschlug man den Umstand, dass das Tier nicht aus dem Dschungel kam, sondern einem Zirkus entwichen war. Exotik verkauft sich gut, weswegen bislang noch jeder Hoteldirektor die glücklose Raubkatze bemüht hat. So steht der historische Billardtisch als »Original« gekennzeichnet in der Long Bar, und der Cocktail erinnert an das Ereignis.

WARUM SIEHT MAN AUF SINGAPURS STRASSEN KAUM ÄLTERE PKWS?

Wer in Singapur ein Auto kaufen möchte, muss zuvor eine staatliche Lizenz erwerben, das Certificate of Entitlement. Diese COEs werden jedes Jahr in limitierter Anzahl versteigert und kosten fast ebenso viel wie der Neuwagen selbst. Das COE ist an das jeweilige Fahrzeug gebunden und in seiner Gültigkeit auf zehn Jahre beschränkt. Nach Ablauf wird in der Regel wieder ein neues Auto erworben, weil ein gebrauchtes die hohen Kosten für die Lizenz nicht lohnt. 2019 kostete ein VW Golf 1,4 TSI DSG 165 000 S$ inklusive der aktuellen COE von 60 000 S$ für zehn Jahre zuzüglich 3000 S$ Versicherung für zwei Jahre. Das Lizenzverfahren ist eine von vielen Maßnahmen, die die Anzahl von Pkws in der Stadt verringern sollen, und tatsächlich ist Singapur die wohl einzige weitgehend staufreie Millionenmetropole der Welt.

50 DINGE, DIE SIE ...

Hier wird entdeckt, probiert, gestaunt, Urlaubserinnerungen werden gesammelt und Fettnäpfe clever umgangen. Diese Tipps machen Lust auf mehr und lassen Sie die ganz typischen Seiten erleben. Viel Spaß dabei!

... ERLEBEN SOLLTEN

1 Kochen im Kampong Ruqxana Vasanwala bietet Kochkurse auf Pulau Ubin › S. 141 an, wo Sie im Freien traditionelle malaiische Gerichte zubereiten, nachdem Sie zuvor im Urwald Wildkräuter gesammelt haben (www.cookerymagic.com, 140 S$).

2 Zu Fuß von Küste zu Küste Der 36 km lange Coast-to-Coast Trail von den Jurong Lake Gardens im Südwesten zum Coney Island Park im Nordosten des Inselstaats führt mitten durch das begrünte Innere – ein Tagesausflug voller Naturerlebnisse (www.nparks.gov.sg/c2c).

3 Wallfahrt für Wohlstand Mischen Sie sich unter die Gläubigen, die im 9. Mondmonat zu Tausenden nach Kusu › S. 140 pilgern, erwerben Sie bei einem der fliegenden Händler einen Talisman und knoten ihn im Tempelareal an einen Baum.

4 Dinner mit dem Affenkönig Gespräche mit kostümierten Schauspielern und dann ein Auszug aus einer chinesischen Oper mit englischen Untertiteln: Im Chinese Theatre Circle › S. 111 werden Besucher nach einem chinesischen Essen in die Welt des Wayang eingeführt.

5 Late Night Shopping Auf dem Nachtmarkt in Chinatown › S. 111 können Sie im Schein bunter Lampions an mehr als 200 Ständen nach Souvenirs stöbern und lokale Spezialitäten probieren; an Feiertagen sorgen Löwentänzer und Stelzenläufer für Unterhaltung.

6 Auflegen zum Abtanzen Die Zouk Academy des legendären Klubs › S. 55 bietet DJ-Workshops an, für Anfänger ebenso wie für Fortgeschrittene oder gar Virtuosen am Plattenteller. Geübt wird in High-Tech-Studios unter professioneller Anleitung (www.zoukclub.com/zoukacademy, ab 130 S$).

7 Radtour in die Vergangenheit »Trails of Tan Ah Huat« führt abseits der Hauptrouten in verborgene Ecken Singapurs und zeigt mittels Multimedia-Einsatz anschaulich, wie sich die Großstadt im Laufe der Zeit verändert hat. Die Guides sind Einheimische, Räder, Helme und Regencapes werden gestellt (www.letsgotoursingapore.com, 4 Std., 99 S$).

8 Fliegen wie Superman Im vertikalen Windtunnel des Skydiving-Simulators iFly › S. 132 erleben Sie freien Fall, ohne ein Flugzeug besteigen zum müssen. Nach zwei fo-

Der Straßenmarkt in Chinatown erwacht erst abends so richtig zum Leben

tografisch dokumentierten Runden bieten Sentosas herrliche Sandstrände Gelegenheit, den Adrenalinpegel wieder zu senken.

9 Blick in die Zukunft Ihre Prognose erstellen die Wahrsager im Thian Hock Keng Temple › S. 106 heute per Computer statt mit Schüttelstäbchen. Wer sein Anliegen befördern möchte, entzündet am Altar noch ein paar Räucherstäbchen.

10 Yoga auf dem Wasser Ruhe auf der eigenen kleinen Insel und das sanfte Schaukeln des Wassers genießen Sie bei SUP Yoga, bei dem das Paddle Board zur schwimmenden Yogamatte wird. Sunset-Kurse bietet Rachel Charis (1390 East Coast Parkway, www.rachelcharis.com, 70 S$).

... PROBIEREN SOLLTEN

11 Kaya-Toast mit Kopi-O Toast, auf den *kaya*, eine Creme aus Ei und Kokosmilch gestrichen wird, dazu schwarzer Kaffee – so beginnen Singapurer ihren Tag. Gern in einer Filiale von Ya Kun (www.yakun.com).

12 Egg Tarts Eiertörtchen sind die Spezialität der chinesischen Bäckerei Tong Heng D5, die ihr Geschäft schon seit über 80 Jahren betreibt – eine Singapurer Institution in Sachen Süßes (285 South Bridge Rd.).

13 Eiskaffee mit Selfie Kurz vor der Wand mit dem Smartphone ein Foto geschossen, und wenige Minuten später kommt auch schon der gefüllte Becher mit dem eigenen

Konterfei auf dem Schaum – auf kalten Getränken hält es länger (Selfie Coffee F3, 11 Haji Lane).

⑭ **Fish Head Curry** Bei Banana Leaf Apolo › S. 34, 114 isst man das Eintopfgericht mit Gemüse und – natürlich – einem Fischkopf mit der Hand vom Bananenblatt. Schauen Sie sich bei den Locals ab, wie's geht, auf Wunsch wird aber auch ein Besteck gebracht. Angeblich sind die Augen das Beste.

⑮ **Cocktail in luftiger Höhe** Im 1-Altitude, Singapurs höchster Rooftopbar › S. 88, trennt nur eine halbhohe Glaswand vom 282 m tiefen Abgrund. Bestellen Sie einen Singapore Sling und beobachten Sie bei dezenter Lounge-Musik, wie die Sonne langsam im Meer versinkt.

⑯ **Afternoon Tea** Das nachmittägliche Teeritual wird im Goodwood Park Hotel › S. 97 noch genauso aufwendig zelebriert wie in der Kolonialzeit. Das reichhaltige Büfett umfasst neuerdings auch *local treats* wie Gula Melaka, einen malaiischen Sagopudding mit Palmzucker.

⑰ **Chili Crabs** Ihr Verzehr erfordert Einsatz und hinterher meist ein neues Hemd. Im Roland basiert die Soße bis heute auf einer Rezeptur von Madame Chew, die die Spezialität in den 1950er-Jahren kreierte (#6-750, 89 Marine Parade Central, www.rolandrestaurant.com.sg).

⑱ **Tiger-Bier** Seit den 1930ern gibt es Tiger Beer, heute Asiens führende Biermarke. Auf einer Führung kann man das süffige Lager

Wenn es sich um Laksa handelt, kann in Singapur sogar eine Suppe zum Erlebnis werden

probieren und einige der Flaschen mit dem Tiger-Logo für zu Hause erwerben (459 Jalan Ahmad Ibrahim, www.tigerbrewerytour.com.sg, ab 18 S$).

19 Laksa In der köstlichen Nudelsuppe ist ganz Südostasien zu schmecken, was sie zum Lieblingsgericht von Singapurern im Ausland macht. Um den Titel des Laksa-King konkurrieren mehrere Lokale an der East Coast Road › S. 127. Probieren Sie sich durch und wählen Sie Ihren Favoriten.

20 Fried Carrot Cake Mit einem Karottenkuchen hat dieses Gericht nicht das Geringste zu tun. Es handelt sich um weißen Rettich, der mit Reismehl, Eiern und diversen Gewürzen in der Pfanne gebraten wird. *Chai tow kway* bekommt man in fast jedem Hawker Centre › S. 46, *white* (pur) oder *black* (mit dunkler Sojasauce).

... BESTAUNEN SOLLTEN

21 Kranich-Tanz Gigantische Kraniche aus Stahl führen jeden Abend auf Sentosa Island › S. 128 den Crane Dance auf. Farbiges Licht und Wasserfontänen begleiten die Balz der zehn Stockwerke hohen Roboter (Waterfront, tgl. 20 Uhr, Eintritt frei).

22 Merkel-Orchidee Der National Orchid Garden › S. 99 pflegt seit 1928 die größte Orchideensammlung der Welt. 60 000 Pflanzen sind hier zu bestaunen, darunter auch »Dendrobium Angela Merkel«.

Am Singapur River zeigen Statuen, wie sehr das Leben einst mit dem Fluss verbunden war

23 Die Stadt der Zukunft Ein Modell von beeindruckenden Ausmaßen in der Singapore City Gallery › S. 109 entwirft ihr Bild, und eine Light-&-Sound-Show setzt es stündlich spektakulär in Szene.

24 Die Stadt von einst Die People of the River, am Fluss aufgestellte Bronzeskulpturen, lassen Singapurs Vergangenheit wieder auferstehen. In der Dämmerung erwachen sie zum Leben: Dann scheinen die Kinder an der Cavenagh Bridge › S. 78 sich tatsächlich unter Gejohle ins Wasser zu schubsen.

25 Fragile Forest Im Singapore Zoo › S. 135 ist das größte von Menschenhand geschaffene Ökosystem der Welt zu bewundern. Ein Baumwipfelpfad führt durch das Regenwaldhabitat, in dem sich Lemuren, Flughunde, exotische Vögel und Schmetterlinge tummeln.

26 Schlangen-Brücke Wie ein riesiges Reptil windet sich die Henderson Waves Bridge › S. 138, Singapurs höchste Fußgängerbrücke, am Mount Faber auf Baumwipfelhöhe durch Tropenwald, abends von zahllosen LEDs effektvoll beleuchtet.

27 Moschee mit Sonnenuhr Über dem Portal der Abdul-Ghafoor-Moschee E2 prangt eine riesige Sonnenuhr – ein Unikum in der islamischen Baukunst. Ihre Strahlen geben in arabischer Schrift die Namen der 25 Propheten wieder (41 Dunlop St.).

28 Hungrige Geister Im 7. Mondmonat irren *hungry ghosts* durch Singapur, Seelen Verstorbener, die sich ignoriert fühlen. Um sie zu besänftigen, werden auf Chinatowns Straßen und Plätzen opulente Speiseopfer dargebracht und Opern aufgeführt, bei denen die erste Zuschauerreihe für sie frei bleibt.

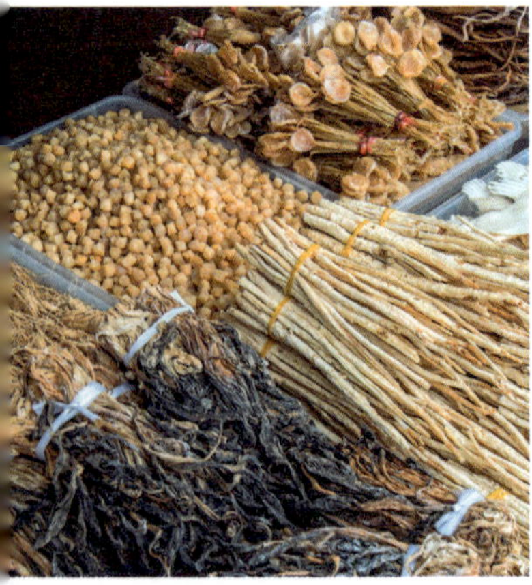

Die Traditionelle Chinesische Medizin setzt auf die Heilkraft von Pflanzen

29 Wasserfall unter der Erde Vor der Marina Bay Sands Mall › S. 90 wirbelt im Rain Oculus, einer riesigen Plexiglasschüssel, alle 30 Minuten Wasser als wachsende Welle im Kreis, bevor es im Boden verschwindet und im Untergeschoss des Einkaufszentrums als Wasserfall in ein zentrales Becken stürzt.

30 Dschungel im Flughafen Vor dem Terminal 1 des Changi Airport › S. 24 begrünen mehr als 3000 Bäume und Palmen »The Jewel«, eine Mischung aus Mall, Vergnügungspark und riesigem Indoor-Garten mit 120 Pflanzenarten über zehn Stockwerke. Hauptattraktion ist ein 40 m hoher, abends eindrucksvoll beleuchteter Wasserfall.

… MIT NACH HAUSE NEHMEN SOLLTEN

31 Singapurs Nationalorchidee »Vanda Miss Joaquim«, so ihr Name, bekommen Sie in Gold gefasst als Schmuckstück bei Risis E3 – exotische Blütenpracht, die keinen grünen Daumen erfordert (z. B. #01-367 Suntec City Mall, www.risis.com).

32 Göttlichen Segen Gehen Sie im Uhrzeigersinn eine ungerade Zahl von Runden um das innere Heiligtum des Sri Mariammam Temple › S.104 – das soll Glück bringen und Wünsche in Erfüllung gehen lassen.

33 Suzie-Wong-Dress Bei Tong Tong E3 hat man sich daran gemacht, den Cheongsam, das tradi-

Nur einer von vielen Superlativen in »The Jewel« ist der größte Indoor-Wasserfall der Welt

tionelle chinesische Stehkragenkleid mit seitlichen Schlitzen, durch neue Schnitte und Stoffe modisch upzudaten (100 Beach Rd., #1-04 Shaw Towers, www.tongtong.sg, ab 100 S$).

34 Pilze für ein langes Leben Reishi, auch als *mushroom of immortality* bekannt, und andere Zutaten der Traditionellen Chinesischen Medizin werden in der Eu Yan Sang Medical Hall › S. 104 nach eingehender Kundenberatung zu komplexen Rezepturen zusammengestellt.

35 Cinderella-Schuhe Bei Rumah Bebe › S. 127 können Sie für den nächsten großen Auftritt *kasut manek* erstehen, mit winzigen Glasperlen in Blumenmustern bestickte Peranakan-Schuhe – allerdings nur, wenn Ihre Füße so zierlich sind wie die von Aschenputtel.

36 Dating-Düfte Verführung pur sind die exotischen Parfüms aus Blütenessenzen, die Jamal Kazura Aromatics › S. 122 nach Kundenwunsch individuell zusammenstellt.

Wer dem Merlion nicht über die Schulter geblickt hat, war nicht wirklich in Singapur

Daneben stehen in hübschen bunten Glasflakons aber auch Eigenkreationen wie »Bintang Java« zum Verkauf (ab ca. 30 S$).

37 Merlion mal drei Das Fabelwesen ist Singapurs Wahrzeichen und ein Foto der Statue im Merlion Park › S. 78 ein Muss. Fans erweisen auch dem großen Bruder auf Sentosa › S. 133 und dem kleinen im Mount Faber Park › S. 138 die Ehre.

38 Würzmischung für Currys In den kleinen, bis unter die Decke mit Waren vollgestopften Läden der Serangoon Road › S. 114 in Little India ist die Auswahl riesig.

39 Bakkwa (BBQ Pork) Die hauchdünnen Scheiben aus Schweinefleisch, erst mariniert, dann gegrillt, sehen komisch aus, schmecken aber kosmisch. Als Bakkwa-Spezialist gilt Hu Zhen Long D5, ein kleines Traditionsgeschäft in Chinatown (14 Sago St., www.huzhenlong.com.sg).

40 Sicherheit am Arbeitsplatz Warn- und Verbotsschilder in allen vier Amtsprachen, wie sie in Singapurs Stadtbild allgegenwärtig sind, findet man auf T-Shirts gedruckt bei Naiise, einer Onlineplattform für lokales Design (www.naiise.com, Link »Go Local«, hier auch Adressen der wechselnden Pop Up Stores).

... BLEIBEN LASSEN SOLLTEN

41 Tabak ohne Tax Zigaretten und andere Rauchwaren dürfen in Singapur nur gegen eine Steuer eingeführt werden und auch jede in Singapur gekaufte Zigarette muss einen Zollstempel aufweisen.

42 Tempelbesuch mit Schuhen Wenn Sie einen Hindutempel oder eine Moschee betreten, tun Sie das bitte nur barfuß oder in Strümpfen. Schuhe müssen draußen bleiben!

43 Kaugummi ausspucken Kaugummi darf inzwischen in Apotheken zu therapeutischen Zwecken (z. B. Nikotin- und Zahnpflege-Kaugummi) verkauft, aber keinesfalls auf die Straße gespuckt werden.

44 Drogen-Deals Lassen Sie die Finger von allem, was high macht. Schon auf den Besitz kleinster Mengen Rauschgift stehen Haftstrafen, bei unterstellter Verkaufsabsicht droht sogar der Galgen.

45 Schnäppchenkauf im Elektromarkt Die Geräte verfügen in der Regel nicht über eine internationale Garantie des Herstellers oder haben den falschen Netzanschluss.

46 Kleckern und Krümeln in der MRT Singapur hat nicht von ungefähr die sauberste U-Bahn der Welt: Eine Geldbuße von 500 S$ riskiert, wer in öffentlichen Verkehrsmitteln oder an Haltestellen Speisen oder Getränke zu sich nimmt.

47 Spülen vergessen Singapur prämiert jährlich die beste öffentliche Toilette und gibt einen Führer zu den 500 saubersten WCs heraus. Entsprechend zahlt 500 S$, wer bei Vergehen gegen die Hygiene am stillen Örtchen ertappt wird.

48 Jaywalking So nennt sich das Überqueren von Straßen abseits von Zebrastreifen, die weniger als 50 m entfernt liegen. Jaywalker leben nicht nur gefährlich, sie begehen auch eine Ordnungswidrigkeit.

49 Essen mit links Benutzen Sie in indischen und muslimischen Restaurants die rechte Hand zum Essen und zum Weiterreichen von Speisen – die linke gilt als unrein.

50 Tip am Flughafen Trinkgeld ist in Singapur eher unüblich und wird nur bei außergewöhnlichen Leistungen gegeben. Im Bereich des Flughafens ist es sogar verboten – das gilt auch für die Restaurants.

Der Teppich im Betsaal der Sultan-Moschee darf nur auf Strümpfen betreten werden

Die Supertrees in den Gardens by the Bay sind hängende Gärten, die nebenbei Regen speichern und Strom erzeugen

REISEPLANUNG & ADRESSEN

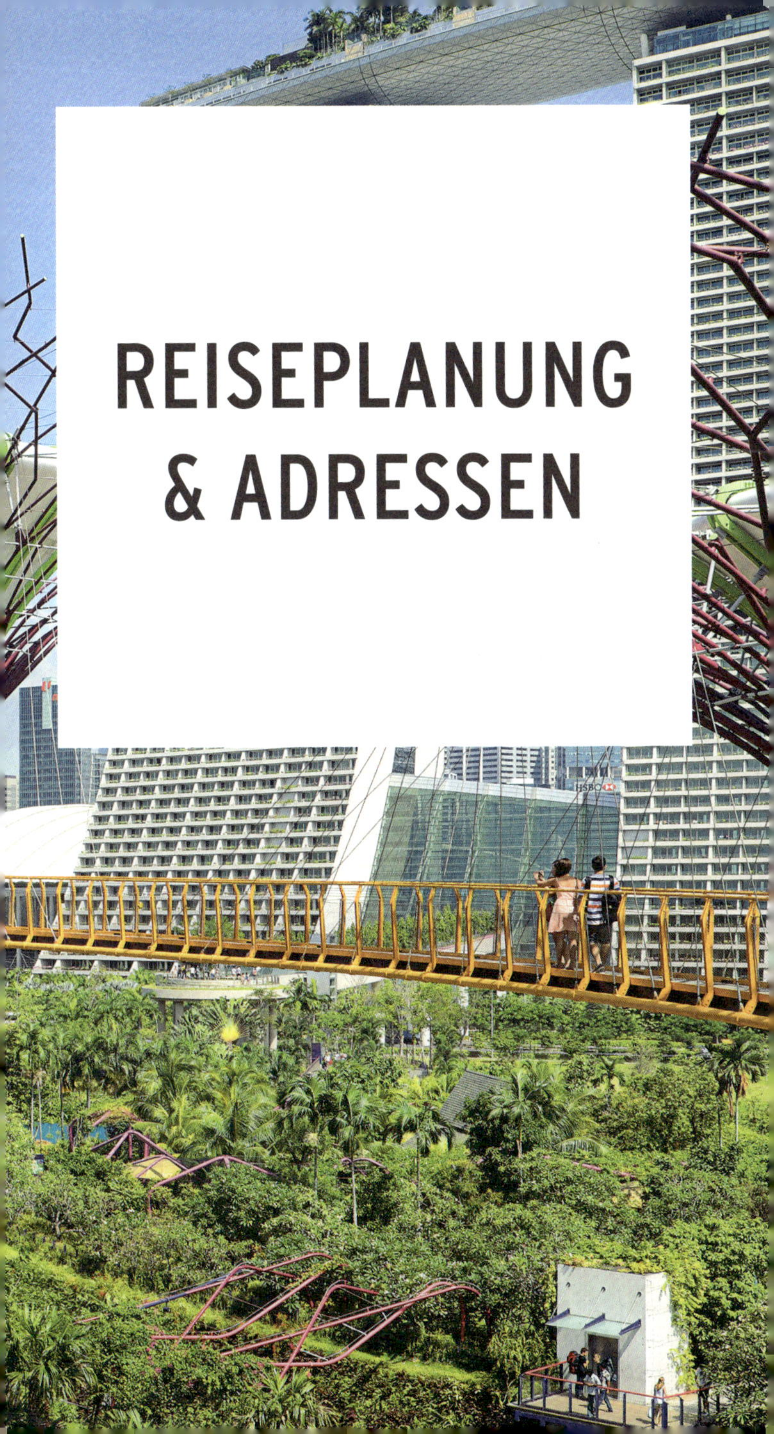

DIE STADTVIERTEL IM ÜBERBLICK

Singapur ist ebenso Stadt wie Staat – ein hypermoderner Stadtstaat auf einer tropischen Insel, etwa 137 km nördlich des Äquators und gleich vor der Südspitze Malaysias gelegen.

Mit dem Nachbarstaat verbinden der sogenannte Causeway, ein ca. 1 km langer, befahrbarer Damm, sowie die knapp 2 km lange Autobrücke im Westen. Rund 60 Inseln und Eilande gehören zum Territorium Singapur, die größeren sind Tekong, Ubin und Sentosa. Doch das wahre Singapur erleben Sie auf der dicht bebauten Hauptinsel, wo sich der **Singapore River** durch die Wolkenkratzerschluchten der City schlängelt, um inmitten der architektonisch gelungenen Kulisse von **Marina Bay** ins Meer zu fließen. Hier kann man noch den Puls des kolonialen Singapurs spüren, als chinesische Handlanger die Boote am Ufer im Schweiße ihres Angesichts mit Waren beluden, während europäische Händler selbst im Schatten ihrer abgedunkelten Veranda unter der schwülen Hitze litten. Heute muss in Singapur niemand mehr schwitzen, extrem abkühlenden Klimaanlagen, endlosen Unterführungen und der famos funktionierenden U-Bahn sei Dank. Wer hauptsächlich zum Einkaufen nach Singapur kommt, wird in den Shoppingmalls rund um die **Orchard Road** bestens bedient. **Chinatown** lässt die Anfänge Singapurs erahnen und bewahrt historische Tempel. Ähnliches gilt für **Little India** und die muslimischen Viertel **Geylang Serai/Katong** sowie die **Arab Street.** Eines haben alle Stadtteile gemein: Man kann hervorragend und preiswert essen. Auf Ausflügen gibt es noch mehr Lohnendes zu entdecken, etwa den Zoo oder den herrlichen Orchid Garden, und auch auf indonesische Inseln oder zu Zielen in Malaysia ist es nicht weit.

Elektrische City Scoots – auch beim Transport setzt Singapur auf Nachhaltigkeit

KLIMA & REISEZEIT

Eine Redewendung besagt, es gäbe zwei Jahreszeiten in Singapur: Drinnen und Draußen!

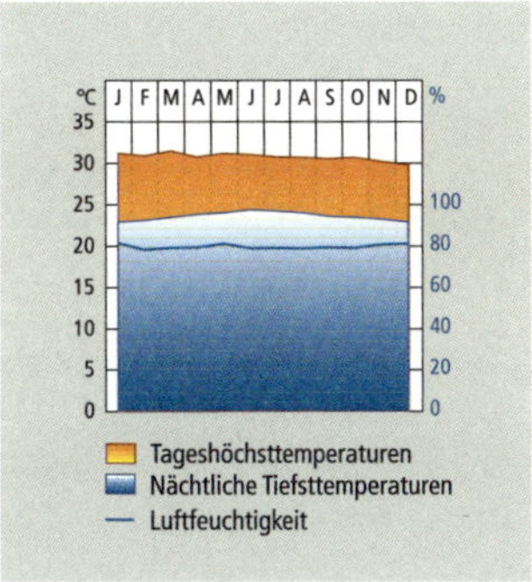

Das Tropenklima in Singapur ist feucht-heiß mit Durchschnittstemperaturen um 27 ° C. Doch das Thermometer klettert tagsüber oft auf Messwerte über 30 ° C. Jahreszeiten gibt es ebenso wenig wie große Temperaturschwankungen. Dennoch gelten Dezember und Januar als »kühlere« Monate. Dann fällt auch der meiste Regen, was die ohnehin hohe Luftfeuchtigkeit von durchschnittlich beinahe 85 % spürbar steigert. Regen fällt allerdings das ganze Jahr über fast täglich, meist kurz und heftig, oft begleitet von Gewittern. Die Singapurer selbst ertragen die schweißtreibende Witterung in ausgesprochen kühl klimatisierten Räumen, ob im Büro, in U-Bahnhöfen, Einkaufszentren oder zu Hause.

ANREISE

MIT DEM FLUGZEUG

11 bis 12 Flugstunden trennen Mitteleuropa von Singapur. **Singapore Airlines** (www.singaporeair.com), Lufthansa (www.lufthansa.com), Emirates (www.emirates.com) und viele andere Airlines verbinden den Stadtstaat mit allen großen Städten der Welt. **SilkAir** (www.silkair.com) verkehrt u. a. zwischen Singapur und Lombok, Phuket, Chiang Mai, Langkawi, Pnom Penh, Rangoon und Australien. Zu den Destinationen der Budget-Airline **Scoot** (www.flyscoot.com) gehören die europäischen Städte Athen und Berlin.

Am Flughafen stehen für den **Transfer zum Hotel** Taxis bereit (Fahrzeit in die City etwa 25 Min., ca. 30 S$ zzgl. 3–5 S$ Airport-Zuschlag). Die Fahrt mit der MRT ins Stadtzentrum dauert ca. 28 Min. (6–23 Uhr alle 12 Min. ab Terminal 3, an der Tanah Merah Station in Richtung City umsteigen, 2,20–2,50 S$, www.smrt.com.sg). Von der Arrival Hall aller Terminals verkehrt der Airport Shuttle Bus alle 15 Min. zum gewünschten Hotel (außer Sentosa, Changi Village, Fahrzeit ca. 25 Min., 9 S$, maximal ein Ge-

Der preisgekrönte Changi Airport ist mit Attraktionen wie »The Jewel« ein Reiseziel für sich

päckstück plus Handgepäck, Anmeldung am Ground Transport Desk in den Ankunftshallen, Tel. 6241 3818 oder www.wtstravel.com.sg).

»Airtropolis«, wie der **Changi Airport** (www.changiairport.com) auch genannt wird, schleust jährlich bis zu 65 Mio. Passagiere durch und gilt als einer der besten Flughäfen der Welt. Die Orientierung ist vorbildlich, unterwegs unterhalten Cafés, Videowände, Kino, Elektronikspielplatz und prall gefüllte Duty-free-Shops. Die jüngste Attraktion ist »The Jewel«, eine Regenwaldkulisse mit beeindruckendem Wasserfall. › mehr S. 16 Punkt 30 Weil von Terminal 1 der Weg zum »Jewel« am kürzesten ist, haben viele Airlines am Eingang einen Early-Check-in-Schalter eingerichtet (Liste: www.changiairport.com/checkinearly). Praktischerweise befindet sich hier auch die Custom Inspection für den GST Refund (Erstattung der Mehrwertsteuer, Näheres › S. 49). Der SkyTrain sorgt für schnellen Transport, die Beschilderung ist genial übersichtlich. Am Departure Gate (dort befindet sich auch die Sicherheitskontrolle) sollte man spätestens 45–60 Min. vor Abflug sein.

Auf **Transitgäste** warten interessante Serviceangebote: Das Aerotel im Transitbereich des Airports bietet komfortable (aber teils fensterlose) Tageszimmer (6 Std. ca. 80–160 S$, jede weitere Std. ca. 20 S$, Tel. 6806 2388, Terminal 1, www.myaerotel.com). Es lohnt sich, Badesachen im Handgepäck mitzuführen: Terminal 1 hat an der Skytrain-Station (1. Stock) und neben dem Hotel einen Pool mit Blick auf die Landebahn (tgl. 7—23 Uhr, 14 S$, für Hotelgäste gratis). Transitgäste mit mehr als 6 Std. Aufenthalt werden zu einer kostenlosen Stadtrundfahrt eingeladen (tgl. bis zu 6 Abfahrten, www.changiairport.com). Entspannend vor dem Weiterflug: eine Fußreflexzonenmassage (Transit Lounge East, Terminal 1, ca. 35 S$).

STADTVERKEHR

MRT (MASS RAPID TRANSIT)

Die klimatisierten U-Bahn-Stationen ähneln den Schalterhallen großer Banken: Marmor, Glas und Chrom, alles sauber poliert und klinisch rein. Über 100 km lang ist das Streckennetz (Plan s. hintere Umschlagklappe, Infos unter www.smrt.com.sg). Die U-Bahn verkehrt täglich von 6 bis 24 Uhr im 3- bis 8-Minuten-Takt. Die Ticketautomaten sind leicht zu bedienen.

Einzelfahrscheine (1,50–2,60 S$) müssen Sie aufbewahren, um die Sperren von Ein- und Ausgang zu öffnen. Außerdem wird auf jedes Ticket Pfand in Höhe von 1 S$ erhoben, das man nach Ankunft am Automaten zurückbekommt (Karte hierfür zuerst auf das Lesegerät legen, dann in den Automaten stecken!). Streng verboten sind Rauchen › S. 153 und das Mitnehmen von Durian-Früchten › S. 37. Unverzichtbar für das Vorwärtskommen in Singapur ist die Webseite www.mytransport.sg (mit App).

BUS

SBS Transit ist das größte Busunternehmen, das Streckennetz ist engmaschig und wird in dichten Abständen befahren. Fast alle Busse sind klimatisiert (Tickets 1,20–3,50 S$). Halten Sie Kleingeld bereit oder kaufen Sie einen Tourist Pass › **Seitenblick unten**. Weitere Infos unter www.transitlink.com.sg und www.sbstransit.com.sg.

Der **SIA-Hop-on-Bus (Big Bus)** verkehrt entlang aller wichtigen touristischen Highlights im Umkreis des CBD auf verschiedenen, farbig markierten Routen. Passagiere von Singapore Airlines oder Silk Air können die gelbe, rote, blaue und braune Strecke benutzen und zahlen bei Vorlage der Bordkarte 26 S$, alle anderen 47 S$ für den Tagespass. Die Busse verkehren von 9 bis 19 Uhr alle 15–30 Min. (www.siahopon.com und www.singapore7.

MEHRFAHRTEN- UND TOURISTENKARTEN

Die an Automaten in den MRT-Stationen wieder aufladbare **EZ-Link Card** (sprich: Isi-Link) gilt für MRT und Busse, kostet 12 S$ (inkl. 5 S$ Pfand) und muss nur vor das Lesegerät an der Kontrolle gehalten werden; die Gebühr wird abgebucht, Guthaben kann z. B. in 7-Eleven Stores wieder aufgeladen werden. Fahrten sind damit etwa 10 % preiswerter (www.ezlink.com.sg).

Der **Singapore Tourist Pass** kostet 10/16/20 S$ für 1/2/3 Tage plus 10 S$ Pfand (wird bei Rückgabe innerhalb von 5 Tagen erstattet). Er beinhaltet die freie Nutzung von MRT und Bussen, Stadtrundfahrten (Big Bus) und Rabatte bei Eintrittsgebühren. Man bekommt ihn in größeren MRT-Stationen und bei der Singapore Visitor Information (www.thesingaporetouristpass.com.sg).

com/busstop). Weitere Anbieter sind Ducktours (www.ducktours.com.sg) und der VunVee Hopper (www.citytours.sg).

Sehr gute, individuell geführte Sightseeing-Trips in Limousinen oder Minibussen (ab 2 Pers., 3 Std., ca. 200 S$/Pers.) unternimmt der sympathische Singapurer Danny Lorenzo in deutscher Sprache. Anfragen per E-mail (auf Deutsch) unter lorenzod@singnet.com.sg.

TAXI

Ca. 27 000 Taxen kurven über Singapurs Straßen. Nur Freitagabend sowie Samstag und Sonntag ab 13 Uhr kann es schwierig werden, ein Taxi zu bekommen; am besten wartet man dann vor dem Eingang eines Hotels. Taxifahren ist preiswert: Die Grundgebühr beträgt ab 3,90 S$ (inkl. 1 km), alle weiteren 400 m kosten 22 Cent. Aber: Es gibt diverse Zuschläge z. B. während der Rushhour (25 %), von 24–6 Uhr (50 %), ab Airport (3 S$, Fr–So 5 S$). Taxen dürfen entlang von Hauptverkehrsstraßen im CBD, auf denen auch Busse verkehren, zu Hauptverkehrszeiten keine Passagiere aufnehmen oder absetzen. Zentraler Taxiruf: Tel. 6342 5222, www.taxisingapore.com. Auch der Fahrdienst Grab wird gern in Anspruch genommen (www.grab.com).

SCHIFFSVERKEHR

Auf dem Singapore River verkehren Ausflugsboote, sogenannte Bumboats, ab verschiedenen Anlegestellen › Seitenblick S. 79.

Das Terminal für Kreuzfahrtschiffe befindet sich am **Marina South Pier.** Schon bald wird es über bis zu fünf Anleger verfügen. Die nächstgelegene MRT-Station heißt Marina South Pier (Red Line) und befindet sich in Gehweite, ideal auch, um jene Schiffe zu erreichen, die hier zu den bewohnten kleinen Inseln vor Singapur › S. 140 sowie nach Batam und Bintan (Indonesien) › S. 142 abfahren. Fähren nach Indonesien starten auch vom **Tanah Merah Ferry Terminal** südöstlich von Changi. Kreuzfahrten innerhalb Asiens starten vom **Singapore Cruise Centre** (Harbour Front, am Einkaufszentrum VivoCity, www.singaporecruise.com.sg).

NACH MALAYSIA, THAILAND UND INDONESIEN

Wenn man per Pkw reisen will, kann es preiswerter sein, einen Wagen erst in Johor Bahru › S. 143 anzumieten. Beim Verlassen von Singapur mit dem Mietwagen muss der Tank mindestens zu drei Vierteln voll sein. Die Regierung will auf diese Weise Tanktourismus nach Malaysia verhindern, wo das Benzin viel billiger ist.

Mehrmals täglich verkehren Busse nach Johor Bahru oder Kuala Lumpur. Mehrere Linien starten am Golden Mile Complex (Berjaya Times Square): Start Mart Express, Tel. 6396 5681, www.easybook.com, und Grassland Express, Tel. 6292 1166, www.grasslandsg.com. Die etwas über 5-stündige Fahrt nach Kuala Lumpur kostet ca. 30 S$.

Bahnverbindungen nach Malaysia spielen derzeit keine Rolle, allerdings soll die 350-Kilometer-Strecke zwischen Singapur und Kuala Lumpur in den nächsten Jahren zweispurig ausgebaut und elektrifiziert werden. Der Plan für eine Schnellzugverbindung zwischen den beiden Städten ist auf Eis gelegt.

UNTERKUNFT

Das Preis-Leistungs-Verhältnis der Hotels ist trotz hoher Auslastung relativ gut. Mit 200–300 S$ (zzgl. 17 % Steuer) sollten Sie für ein komfortables 4-Sterne-Doppelzimmer in einem zentral gelegenen Hotel rechnen.

Am beliebtesten sind Unterkünfte in der Nähe der Orchard Road, rund um den Marina Square im City Centre oder in Chinatown. Buchen Sie die Unterkunft auf jeden Fall vor Ihrer Abreise (Webadressen › unten). Singapore Airlines z. B. bietet etwas günstigere Stopover-Arrangements an, die auch den Transfer vom Flughafen zum Airport und eine Stadtrundfahrt einschließen (ab 50 € pro Person und Nacht). In den vom Tourism Board herausgegebenen Unterkunftsverzeichnissen sind auch qualitativ gute **Budgethotels** aufgeführt. **Boutiquehotels** sind kleine bis mittelgroße Häuser, oft in liebevoll restaurierten Kolonialgebäuden und in ruhiger Lage.

Im Internet findet man Hotelangebote unter www.singaporehotels.net, www.visitsingapore.com/singapore-hotels, www.booking.com, www.agoda.com, private Unterkünfte unter www.airbnb.com.

Singapur will grüner werden, und viele Hotels wie das Parkroyal on Pickering ziehen mit

DER UMWELT ZULIEBE

Mit seinem dichten weißen Vollbart und dem bunten, hinten verknoteten Kopftuch ist Subaraj Rajathurai selbst im schummerigen Dickicht des tropischen Regenwaldes nicht zu übersehen. Wer ihm bei einer seiner mehrstündigen Wanderungen folgt, lernt ein ganz anderes Singapur kennen: naturbelassene Wildnis, voller exotischer Fauna und Flora, unwegsam und abenteuerlich. Am Weg eineinhalb Meter Schlangenhaut. Weich und feucht fühlt sie sich an. »Vor nicht mehr als einer Stunde hat sich die Kobra hier gehäutet«, weiß Subaraj Rajathurai. Eindrucksvolles Anschauungsmaterial in singapurischer Naturkunde.

Der gläubige Hindu ist Autodidakt. Erst mit 18 Jahren entdeckte er seine Liebe zur Natur – bei einem Ausflug in die Bukit Timah Nature Reserve: »Ich verspürte mit einem Mal kein Interesse mehr am Großstadtleben, wollte in und mit der Natur arbeiten, wusste aber zunächst nicht wie.« Vier Jahre verbrachte Subaraj Rajathurai damit, die verbliebenen Wildnisregionen Singapurs zu erkunden und in der Bibliothek sein Fachwissen zu festigen. Mit 25 dann endlich der erste Job: als freiberuflicher Nature Guide für das Singapore Tourism Board.

Doch das war ihm nicht genug an Engagement in Sachen Natur. Subaraj Rajathurai wurde ein Umweltaktivist, der inzwischen seit über 30 Jahren für den Erhalt wichtiger Ökosysteme im Stadtstaat kämpft – friedlich und hinter den Kulissen, wie er betont. So konnte er Industrie- und Wohnungsbauvorhaben auf der Insel Pulau Ubin verhindern und maßgeblich dazu beitragen, dass Sungei Buloh, ein Mangrovenwald im Nordwesten, Naturschutzgebiet wurde. Zudem gehörte er dem Forscherteam an, das für die Unterschutzstellung des 120 ha großen Waldes am Lower Peirce Reservoir verantwortlich war. Unterstützung findet er bei seiner Frau, die er vor der Heirat unmissverständlich über seine Prioritäten aufklärte: »Zuerst kommt Gott, dann die Natur und schließlich die Familie«.

INFOS

Individuell zusammengestellte Touren (rechtzeitig im Voraus anfragen) unter www.subaraj.com oder wild lifeconsultant@subaraj.com

Subaraj Rajathurai führt durch die Wildnis, für deren Erhalt er gekämpft hat

PERANAKAN AUS PASSION

Für Alvin Yapp scheint die Zeit stehen geblieben zu sein – zumindest die, als Peranakan Chinese, auch Straits born Chinese genannt, mit ihrer ganz speziellen Kultur > S. 34, 67 Teile Südostasiens bereicherten. »Lange Zeit wusste ich nicht viel über meine Abstammung«, erzählt er Besuchern, »bis ich anfing Möbel, Geschirr, Kleidung, Schmuck, Dekoration und sonstige Antiquitäten aus dieser Zeit zu sammeln«. Sein Wohnhaus ist längst voll davon, bis unters Dach: ein preisgekröntes lebendiges Museum für die chinesisch-malaiische Mischkultur. Und mittendrin Alvin Yapp, der sich behände durch sein Sammelsurium bewegt und auch zum kleinsten Exponat etwas erzählen kann.

Stolz zeigt er seine Sammlung von Peranakan-Schuhen – »die größte überhaupt« – und hebt beinahe zärtlich eine der bunt bestickten, filigranen Pantoletten in die Höhe. Kein Zweifel, Alvin Yapp ist ebenso ambitioniert wie leidenschaftlich bei der Sache.

»The Intan«, was aus dem Malaiischen übersetzt »Diamant mit Rosenschliff« bedeutet, bietet Ausstellungsfläche auf zwei Ebenen: ein typisches Shop House im Herzen von Joo Chiat > S. 126, traditionell eine Peranakan-Enklave. Schmal und in die Tiefe gebaut sind die alten Reihenhäuser, weil Steuern früher nach Anzahl der Fenster erhoben wurden. Entsprechend düster wäre es im Innern, würden nicht bunte Lampions unter hohen Decken stimmungsvoll illuminieren. Alvin Yapp bietet hier maßgeschneiderte Führungen an. Allerdings nur auf Anfrage, schließlich ist er in den Räumlichkeiten auch privat zu Hause. Dafür kann auf Wunsch z. B. ein typisches Peranakan-Dinner arrangiert werden. Darum kümmert sich seine Mutter.

Über die einzigartige Kultur der Peranakan weiß kaum jemand mehr als Alvin Yapp

»Die Vergangenheit gehört zum heutigen modernen Singapur.« Das sei ein Grund für ihn, »The Intan« öffentlich zugänglich zu machen. Den relativ hohen Eintrittspreis rechtfertigt Alvin Yapp mit dem exklusiven und einzigartigen Erlebnis, das Besuchern geboten wird.

INFOS

The Intan, 69 Joo Chiat Tce., Besuch nur nach vorheriger Anmeldung unter Tel. 6440 1148, www.the-intan.com, mind. 2 Pers., 60 S$/Pers.

ORCHARD ROAD DISTRICT

Grand Hyatt Singapore €€€ B2
Nur ein paar Schritte von der Orchard Road entfernt; vier Restaurants, darunter das angesagte **Mezza9** mit asiatischen und europäischen Spezialitäten.
- 10 Scotts Rd. | Tel. 6738 1234
  www.singapore.grand.hyatt.com

Grand Park Orchard €€€ C3
Landmark Building mit riesiger Videowand gegenüber Paragon und ION Orchard, ideale Basis für Shoppingenthusiasten.
- 270 Orchard Rd. | Tel. 6603 8888
  www.parkhotelgroup.com

Hotel Jen €€ C3
Ideales Stadthotel am Orchard Gateway mit hellen, gut geschnittenen Zimmern und tollem Rooftoppool.
- 277 Orchard Rd. | Tel. 6708 8888
  www.hoteljen.com

Yotel €–€€€ B2
Minimalistisch, modern, sauber, zentral und ruhig gelegen. Die preiswertesten Zimmer sind Kabinen (ab ca. 120 S$), in denen man größere Gepäckstücke allerdings kaum unterbringen kann.
- 366 Orchard Rd. | Tel. 6866 8000
  www.yotel.com

YMCA International House € D3
Sehr zentral zwischen Orchard Road und dem City Centre gelegen. Jeder Gast ist willkommen.
- 1 Orchard Rd. | Tel. 6336 6000
  www.ymcaih.com.sg

CITY CENTRE

Fullerton Bay Hotel €€€ E5
Luxuriöses Resorthotel (100 Zimmer) mitten in der Stadt und über dem Wasser. Die großzügigen Terrassenzimmer haben Blick auf Marina Bay Sands. Tolle Rooftopbar (auch für Tagesgäste) mit Pool.
- 80 Collyer Quay | Tel. 6333 8388
  www.fullertonhotels.com

Marina Bay Sands €€€ F5
Die Zimmer sind angenehm groß und haben bodentiefe Fenster, der Pool (nur für Hotelgäste) ist gigantisch: 150 m lang, 200 m hoch mit Blick auf die Skyline und Lounge-

Größter Trumpf des Marina Bay Sands ist der Infinity-Pool auf dem Dach

Musik. Die Zimmer mit Balkon blicken in Richtung Gardens by the Bay und Chinesisches Meer, die andere Seite zeigt die City (am schönsten ab 18. Etage).
- 10 Bayfront Ave. | Tel. 6688 8868
  www.marinabaysands.com

Parkroyal €€–€€€ F3
Angenehmes Hotel mit attraktiver Poollandschaft und Fitnessklub samt Massagebereich. Die Arab Street liegt gleich vis-à-vis, bis Bugis Street (MRT) oder Suntec City (Kongresscenter) sind es ca. 8 Gehminuten.
- 7500 Beach Rd. | Tel. 6505 5666
  www.panpacific.com

M Social €€–€€€ C4
Von Philippe Starck designtes Hotel am beliebten Robertson Quay. Kostenloses Handy für lokale Anrufe und Internet-Nutzung. Den Roomservice erledigt Roboter »Laura«. Viele gute Restaurants in der Umgebung, MRT-Station ca. 15 Min. entfernt.
- 90 Robertson Quay | Tel. 6206 1888
  www.millenniumhotels.com

Wangz €€–€€€ C5
Helle Zimmer im Designerstil, gutes Restaurant, attraktive Rooftopbar, aber kein Pool. 15 Gehminuten bis Chinatown. Für längere Aufenthalte bieten sich die Apartments im »Forest by Wangz« an.
- 231 Outram Rd. | Tel. 6595 1388
  www.wangzhotel.com

Hangout@Mt. Emily € D3
Sauberes, modernes und ruhig gelegenes Budgethotel mit Schlafsälen und 61 Doppelzimmern. Schöne Dachterrasse mit Blick auf die Stadt. Preiswerte Verpflegung. 7 Gehminuten zur MRT-Station Little India.
- 10A Upper Wilkie Rd. | Tel. 6438 5588
  www.hangouthotels.com

HOTELS ZUM WOHLFÜHLEN

- **Conrad Centennial Hotel**
  €€€ F4
  Eines der angenehmsten Hotels der Stadt mit eleganten Zimmern.
  2 Temasek Blvd. | City Centre
  Tel. 6334 8888
  www.conradhotels3.hilton.com
- **The Fullerton Hotel** €€€ E4
  Pool am Singapore River > **S. 78.**
  1 Fullerton Square | City Centre
  Tel. 6733 8388
  www.fullertonhotels.com
- **Goodwood Park Hotel**
  €€€ B2
  Hotellegende mit viel Atmosphäre.
  22 Scotts Rd.
  Orchard Road District
  Tel. 6737 7411
  www.goodwoodparkhotel.com
- **Raffles Hotel** €€€ E3
  Traditionsreiches Haus mit kolonialem Flair > **Seitenblick S. 86.**
  1 Beach Rd. | City Centre
  Tel. 6337 1886 | www.raffles.com
- **The Scarlet** €€€ D5
  Gediegenes, mit viel Liebe zum Detail ausgestattetes Hotel.
  33 Erskine Rd. | Chinatown
  Tel. 6511 3333
  www.sg.thescarlethotels.com
- **Swissôtel The Stamford**
  €€–€€€ E4
  Eines der höchsten Hotels der Welt mit erhabener Aussicht auf Singapurs Wolkenkratzer > **S. 88.**
  2 Stamford Rd. | City Centre
  Tel. 6338 8585
  www.swissotel.de

CHINATOWN

Parkroyal on Pickering €€€ D5

Sehr zentral gelegen. Eine Wellness-Etage mit Außenpool und luftige »Sky Gardens« sind besondere Attribute des nachhaltig konzipierten Hotels. Tolles Frühstück, abends hochwertiges Büfett aus der *open kitchen*.

- 3 Upper Pickering St. | Tel. 6809 8888
  www.panpacific.com

Oasia Downtown €€–€€€ D6

Am Rand von Chinatown, aber dennoch zentral gelegen (MRT nebenan). Der Aufpreis für die Club Rooms lohnt sich: ein viel größeres Zimmer, besserer Pool, Frühstück inklusive, von 18–20 Uhr Bier und Wein frei etc.

- 100 Peck Seah St. | Tel. 6812 6900
  www.oasiahotels.com

Hotel 1929 €€ D5

Kleine, gemütliche Zimmer, hübscher Dachgarten und gutes Restaurant in einem liebevoll restaurierten Terrace House.

- 50 Keong Saik Rd. | Tel. 6717 1929
  www.hotel1929.com.sg

GEYLANG

Hotel 81 Sakura €

Zimmer in gemütlichem Peranakan-Haus. Eine der 24 Hotel-81-Unterkünfte, alle mit tollem Preis-Leistungs-Verhältnis.

- 181 Joo Chiat Rd. | Tel. 6247 8181
  www.hotel81.com.sg

LITTLE INDIA

Village Hotel Albert Court €–€€ E2

Die vier Hotels von Far East Hospitality verteilen sich über verschiedene Stadtteile und wollen deren kulturelle Besonderheiten widerspiegeln. Dafür gibt es jeweils eine Broschüre mit Insidertipps – sehr hilfreich!

- 180 Albert St. | Tel. 6339 3939
  www.villagehotels.com.sg

TELOK BLANGAH

Villa Samadhi €€–€€€

Charmante Villa aus den 1920er-Jahren mit 20 Zimmern, geschmackvoll ausgestattet im Kolonialstil und umgeben von Regenwald-Atmosphäre. Etwa 600 m bis zur MRT-Station Labrador Park.

- 20 Labrador Villa Rd. |Tel. 6274 5674
  www.villasamadhi.com.sg

INSEL SENTOSA

Sofitel Singapore Sentosa Resort & Spa €€€

Entspannend, ruhig, umgeben von einer 11 ha großen Gartenanlage; exzellente Restaurants und Bars rund um den großen Pool mit Blick auf das Chinesische Meer. Sehr geschmackvoll ausgestattete Zimmer. Großer Spa-Bereich.

- 2 Bukit Manis Rd. | Tel. 6708 8310
  www.sofitel-singapore-sentosa.com

Resorts World Sentosa €€

Fünf verschiedene Themenhotels gruppieren sich rund um die Universal Studios und das Casino. Das **Festive Hotel** ist besonders gut für Familien geeignet, das **Hard Rock Hotel** hat eine tolle Poolanlage mit weißem Sand aus Australien. Die luxuriösen **Beach Villas** mit privater Poolterrasse sind Bestandteil des Marine Life Park.

- 8 Sentosa Gateway | Tel. 6577 8888
  www.rwsentosa.com

CHANGI AIRPORT

Crowne Plaza Changi Airport €€€

Sehr gut gelegen mit direktem Zugang zu Terminal 3 bzw. »The Jewel« und der MRT-Station Richtung Stadt. (Ruhige) Zimmer mit Blick auf das Flugfeld, schöner Pool, ideal für kürzere Stopover-Aufenthalte.

- 75 Airport Blvd. | #01-01 | Tel. 6823 5300
  www.ihg.com/crowneplaza

ESSEN & TRINKEN

Singapur ist eine kulinarische Reise wert! Denn im Vielvölkergetümmel der Insel wetteifern die verschiedensten Küchen um die Gunst der Geschmacksnerven: chinesisch, indonesisch, malaiisch, indisch, thailändisch, japanisch, koreanisch, arabisch.

Entsprechend umfangreich und vielfältig ist das Angebot an Restaurants. Nichts, was es nicht gibt. Gut essen kann man in Singapur schon für wenige Dollar, beispielsweise bei einer der einfachen Garküchen, die vielerorts schnell und preiswert landestypisches Fast Food auf Plastiktellern servieren. International angepasst sind dagegen die Preise in den teilweise sehr guten Restaurants der besseren Hotels. **Achtung:** Auf alle Preise werden 10 % Bedienungszuschlag *(service charge)* und 7 % Mehrwertsteuer (GST) aufgeschlagen, die Bedienung erwartet grundsätzlich kein Trinkgeld. Alkoholische Getränke, vor allem Wein (ab 10 S$ pro Glas), lassen die Rechnung explosiv in die Höhe steigen. Selbst einheimisches Bier (»Anchor«, »Tiger«), das ebenso mundet wie importiertes, kommt erst ab 8 S$ ins Glas. Preiswerter wird während der vielerorts populären Happy Hour ausgeschenkt.

Obwohl in neuerer Zeit einige innovative Köche aus der Vielzahl asiatischer Rezepte das Beste nehmen, Zutaten und Zubereitungsarten kombinieren und damit oft gewagte, aber delikate Speisen zaubern, haben die einzelnen Nationalitäten bis heute ihre speziellen Küchen weitgehend beibehalten. Eine typisch singapurische Küche, quasi als Mischform, existiert nicht. Ein-

In Singapur denkt man permanent ans Essen, so vielfältig und verlockend ist das Angebot

LIEBLINGS-RESTAURANTS

- **Banana Leaf Apolo**
  €€–€€€ E2
  Seit 1974 eine Institution, wenn es um südindische Küche geht.
  54 Race Course Rd. | Little India
  Tel. 6293 8682
  www.thebananaleafapolo.com
- **Candlenut** €€
  Peranakan-Küche, modern angerichtet. Seit der Verleihung des Michelin-Sterns 2016 sehr beliebt.
  Como Dempsey | 17A Dempsey Rd.
  Tanglin | Tel. 1800 304 2288
  www.comodempsey.sg
- **Hjh Maimunah** €€ F3
  Köstliche malaiische Küche.
  11 & 15 Jalan Pisang | Arab Street
  Tel. 6297 4294
  Filiale: 20 Joo Chiat Rd. | #01–02
  Geylang | Tel. 6348 5457
  www.hjmaimunah.com
- **Tambuah Mas** €–€€ B2
  Authentisch-indonesische Gerichte in großzügigen Portionen.
  Tanglin Shopping Centre | #04–10
  19 Tanglin Rd. | Orchard Road District | Tel. 6733 3333
  Filiale: Paragon 2 | #B1–44 | 290 Orchard Rd. | Orchard Road District
  Tel. 6733 2220
  www.tambuahmas.com.sg
- **Violet Oon** € B3
  Singapurs Star-Köchin mixt populäre Rezepte aus kolonialer Zeit mit moderner asiatischer Küche.
  ION Orchard | #03–28/29 | Orchard Road District | Tel. 9834 9935
  www.violetoon.com

zig malaiische und chinesische Rezepte landeten in einem Topf. Grundsätzlich gilt: Als *hot* werden besonders scharf gewürzte Speisen bezeichnet, als *spicy* etwas mildere, die aber immer noch die Tränen in die Augen treiben können.

NYONYA-KÜCHE

Sie entwickelte sich, als die ersten chinesischen Einwanderer malaiische Frauen heirateten, aber auf ihre Lieblingsspeisen nicht verzichten wollten. Auch nicht auf Schweinefleisch, das in der muslimisch bestimmten Küche der Malaien eigentlich nichts zu suchen hat. Nyonya-Speisen enthalten in China verbreitete Gemüse-, Fleisch- und Fischsorten, abgeschmeckt und zubereitet nach malaiischen Rezepten, die Chili und Kokosnussmilch als Würze bevorzugen. So auch bei der Zubereitung von *otak-otak*, einem typischen Fischgericht, das in ein Bananenblatt eingewickelt gegart wird. Das Essen ist würzig, überwiegend scharf und zum Leidwesen aller Kalorienzähler ausgesprochen mächtig. Besonders bei den Desserts wird nicht mit sämiger Kokosmilch und Zucker gespart. Leider gibt es nur noch wenige Restaurants, die nach Nyonya-Art kochen:

Chilli Padi Nonya Restaurant €€
- 11 Joo Chiat Pl. | Geylang
  Tel. 6275 1002 | www.chillipadi.com.sg

Guan Hoe Soon €€
- 40 Joo Chiat Pl. | Geylang
  Tel. 6344 2761
  www.guanhoesoon.com

CHINESISCHE KÜCHE

Wundern Sie sich nicht, wenn ein Chinese Sie mit der Frage begrüßt: »Haben Sie gegessen?« und nicht mit: »Wie geht es Ihnen?«. Denn ein gefüllter Magen schließt Wohlbefinden mit ein, meinen die Chinesen, für die Essen nun einmal die wichtigste Sache der Welt ist. Und ein altes chinesisches Sprichwort besagt: »Alles, was sich mit dem Rücken zur Sonne bewegt, ist essbar.« Somit könnte theoretisch jedes Tier in den Kochtopf und auf den Teller gelangen, selbst Hunde, Schildkröten und Ratten.

Doch keine Bange! Was vielleicht früher in den Hinterhöfen alter chinesischer Häuser verwurstet wurde, gelangt heutzutage garantiert nicht auf den Touristenteller. Singapurs Speisekarten lügen nicht. Dafür sorgen strenge staatliche Kontrolleure, die in regelmäßigen Abständen Restaurants und Imbisse auf Hygiene überprüfen. Deshalb können Sie es sich selbst aus dem Wok der einfachsten Garküche an der Straßenecke ganz unbesorgt schmecken lassen.

Die Speisekarten der meisten chinesischen Restaurants lesen sich für Touristen vertraut: *spring roll* (Frühlingsrolle) oder *prawn noodle soup* (Nudelsuppe mit Garnelen) als Vorspeise. Danach vielleicht *Peking duck* (Peking-Ente), manchmal auch als *Bejing duck* aufgeführt, sowie Beilagen wie *beansprouts* (Sojabohnensprossen) und *fried rice* (gebratener Reis). Unter den Desserts sind oft *deep fried bananas* (frittierte Bananen) zu finden. Von Tierschützern abgelehnt wird *shark's fin soup* (Haifischflossensuppe). Ungewohnt für europäische Gaumen sind *chilli crab* (Taschenkrebs in Chilisoße) oder *bird's nest* (Vogelnest). Letzteres wird nach Originalrezept tatsächlich aus einem Vogelnest zubereitet bzw. aus verfestigtem Schleim, der den Nestbau wie Klebstoff zusammenhält und nach aufwendiger Säuberung von Blättern und Fasern übrig bleibt. Der eher fade Geschmack rechtfertigt keineswegs den enormen Preis von bis zu 150 S$ je Portion. Eher schon die zeitraubende Zubereitung und der hohe Proteingehalt, dessen stärkende Wirkung die Traditionelle Chinesische Medizin empfiehlt.

Für alle Chinesen gehören Reis oder Nudeln zu jedem Essen dazu. Ansonsten gehen die Geschmäcker der verschiedenen Volksgruppen stark auseinander. Fast alle regionalen Küchen Chinas sind in Singapur vertreten, die meisten hier lebenden Chinesen stammen jedoch aus den südlichen Provinzen.

HOKKIEN-KÜCHE

Die größte Dialektgruppe ist kulinarisch am unauffälligsten, daher gibt es nur wenige Restaurants mit echter Hokkien-Küche, die kräftiges Essen auftischt, bevorzugt fettes Schweinefleisch. Suppen werden mit viel Gemüse und Fleischbällchen angereichert. Allgemein durchgesetzt hat sich *fried hokkien mee* bzw. *fried hokkien prawn,* ein Gericht aus gebratenen Nudeln mit Gemüse, viel Knoblauch und Schweinefleisch oder Garnelen in

An der Durian scheiden sich die Geister, aber einmal sollte man sie probiert haben

sämiger Soße, das als inoffizielles Nationalgericht Singapurs gilt und in vielen Restaurants zu haben ist.

Beng Thin Hoon Kee €€–€€€ E5
- OCBC Centre | #05-0265 | Chulia St. Chinatown | Tel. 6533 7708

Beng Hiang €€ E5
- 135 Jurong Gateway Rd. | Chinatown Tel. 6221 6684 | www.benghiang.com

KANTONESISCHE KÜCHE

Sie ist die populärste Küche in Singapur – vielleicht weil sie sich gern elegant präsentiert wie im westlich geprägten Hongkong, z. B. mit kleinen, exquisiten Happen, den *dim sum* (übersetzt in etwa »kleine, mit Herz gemachte Dinge«), die man zum Lunch isst. Auch Haifischflossensuppe *(shark's fin soup)* ist kantonesischen Ursprungs. Die ehemals wohlhabende Bevölkerung in der alten Provinz Kanton aß nicht, um sich für die Arbeit zu stärken, sondern um zu genießen. Entsprechend leicht ist die Küche, mit delikaten Gewürzmischungen, die das Aroma der Zutaten, insbesondere von Fischen und Krustentieren, zur vollen Entfaltung bringen.

Peony Jade Restaurant @ Clarke Quay €€–€€€ D4
- 3A River Valley Rd. | #02-02 Clarke Quay | Singapore River Tel. 6338 0305

Lei Garden €€ E3
- Chijmes | #01-24 | 30 Victoria St. City Centre | Tel. 6339 3822

Din Tai Fung €–€€ C3
Dim-Sum-Restaurant mit über 20 Niederlassungen in Singapur, z. B.

- Paragon | #01-03 | 290 Orchard Rd.
  Orchard Road District | Tel. 6836 8336
  www.dintaifung.com.sg

TEOCHEW-KÜCHE

Auch die Küche der zweitgrößten chinesischen Dialektgruppe hat das leichtere Essen für sich entdeckt, Fett wird nur sparsam verwendet. Weil Teochew-Chinesen überwiegend vom Fischfang lebten, werden zahlreiche Gerichte bis heute überwiegend mit Meerestieren zubereitet. Beliebt sind z. B. *fishballs,* die allen möglichen Speisen wie Suppen und Nudeln beigefügt werden.

Eine weitere Spezialität, die Singapurer bevorzugt zum Frühstück essen, ist mit Fisch oder Fleisch verfeinerter Reisbrei *(porridge, congee).*

Hung Kang €€€ D4

- 28 North Canal Rd. | Poh Heng Building
  Chinatown | Tel. 6533 5300
  www.teochewhungkang.com.sg

Crystal Jade Golden Palace €€ C3

- Paragon | #05–22/24 | 290 Orchard Rd.
  Orchard Road District | Tel. 6734 6866
  www.crystaljade.com

Huat Kee €€ A2

- 30 Orange Grove Rd. | #02-01
  Orchard Road District. | Tel. 6423 4747
  www.teochewrestaurant.com

HAKKA-KÜCHE

Anspruchslos wie früher das Leben der Hakka-Nomaden sind auch die Speisen. Tofu musste oft das Fleisch ersetzen, anstelle von frischem Gemüse kamen mit Salz konservierte Zutaten ins Essen. Doch die deftige Küche ist schmackhaft. Probieren Sie *yong tau foo,* mit Hackfleisch gefüllte und frittierte Tofuwürfel.

Plum Village €

- 16 Jalan Leban (nahe Upper Thomson Road) | Ang Mo Kio | Tel. 6458 9005
  www.hakkafood.com.sg

DURIAN

In der Vielfalt tropischer Früchte stinkt eine zum Himmel: die Durian, von den Singapurern trotzdem »Königin der Früchte« genannt. Denn die rugbyballgroße Baumfrucht hat eine Menge zartes weißes Fleisch unter der stacheligen Schale. Während sich die meisten Touristen angeekelt die Nase zuhalten, wenn sie die üppig bestückten Durian-Verkaufsstände passieren, wird die Ware von den Singapurern eingehend beschnuppert. So lässt sich am ehesten feststellen, ob die Frucht die richtige Reife hat. Gute Durians sind Sattmacher. Der Geschmack ist schwer zu beschreiben. Wie mit Zwiebeln angemachter Pudding, lautet ein häufiger Vergleich, der so falsch nicht ist. Wer nur einmal kosten will, ohne gleich eine ganze Fruchtzu kaufen, kann das an den *fruit stalls* entlang der Bugis/Waterloo Street oder bei Wonderful Durian (147 Sims Ave.) tun. Als Mitbringsel eignet sich die Durian übrigens gar nicht: Sie steht auf den Verbotslisten aller Hotels, Airlines und öffentlichen Verkehrsmittel. Wer mit einer Durian in der U-Bahn erwischt wird, muss 50 S$ Strafe zahlen.

SICHUAN-KÜCHE

In der westlichsten Provinz Chinas wird kräftig gewürzt, am liebsten mit Chili – je schärfer, desto besser. Auch der bekannte Sichuan-Pfeffer kommt hierher. Ein typisches Gericht ist *mapo doufu,* in Chilisoße geschmorter Tofu, der meist mit Hackfleisch und Schnittknoblauch zubereitet wird.

Min Jiang €€€ B2

- 22 Scotts Rd. | Goodwood Park Hotel Orchard Road District | Tel. 6730 1704 www.goodwoodparkhotel.com

Shisen Hanten by Chen Kentaro €€–€€€ C3

- Mandarin Orchard Hotel | Level 35 Orchard Wing | 333 Orchard Rd. | Orchard Road District | Tel. 6831 6262 www.shisenhanten.com.sg

PEKING-KÜCHE

Weltberühmt ist die Peking-Ente, deren knusprige Haut, mit Soße und Frühlingszwiebeln in dünne Teigfladen eingerollt, als Erstes auf den Tisch kommt. Das mit Gemüse gebratene Entenfleisch bildet den zweiten Gang, erst danach wird die Entensuppe serviert. Aber die Peking-Küche kennt auch hervorragende Lamm- und Hammelgerichte, die vor langer Zeit von Muslimen aus der Mongolei und der Mandschurei eingeführt wurden.

Imperial Treasure Super Peking Duck Restaurant €€–€€€ C3

Tolle Peking-Ente, von der zwei Personen satt werden. Bisweilen bis zu 1 Std. Wartezeit (oder vorbestellen).

- Paragon Shopping Centre #05–42/45 | 290 Orchard Rd. Orchard Road District | Tel. 6732 7838 www.imperialtreasure.com

TungLok XiHe Peking Duck € C3

- Orchard Central | #07–07/08/09 181 Orchard Rd. | Tel. 6736 0006 www.tunglok-xihe.com

HAINAN-KÜCHE

Dieser Küche wird nachgesagt, vieles von westlichen Köchen übernommen zu haben. Am weitesten verbreitet und in fast allen Hawker Centres erhältlich ist *Hainanese chicken rice,* ein Gericht, bei dem das Huhn ganz langsam vor sich hin köchelt und der Reis in der Brühe gart. Als kräftige Würze wird eine Chili-Knoblauch-Soße gereicht. Die Hainan-Chinesen haben auch das *steamboat* kreiert, eine Art Fondue, bei dem jeder am Tisch seine Zutaten im gemeinsamen, mit Brühe gefüllten Topf gart und anschließend in diverse Soßen tunkt.

HERBAL-KÜCHE

Seit Jahrhunderten wissen die Chinesen um die gesundheitsfördernde Wirkung der traditionellen *balanced diet.* Ihre Aufgabe ist es, Yin (Kühlendes) und Yang (Erhitzendes) im Körper im Gleichgewicht zu halten. Dass eine solche Diät auch noch schmeckt, ist ein angenehmer Nebeneffekt. Für den Laien ist allerdings schwer zu unterscheiden, was Yin und was Yang ist und welche Kräuter welche Wirkung haben. Wer auf Nummer sicher gehen will, speist in einem der Restaurants, die

Hawker Centres wie Lau Pa Sat sind ideal, um sich durch Singapurs Küchen zu probieren

ihre Gerichte nach gesundheitlichen Aspekten zusammenstellen und auf Wunsch individuell abstimmen. Ein populäres Gericht ist *quick fried egg white with scallop* (frittiertes Eiweiß mit Jakobsmuschel) oder *cold jelly fish salad* (Quallen-Salat) mit Chili, Koriander und Sesam.

Imperial Restaurant €–€€ C4
- Four Points by Sheraton | Level 2
382 Havelock Rd. | Riverview
Tel. 6337 0491
www.imperialherbal.com

VEGETARISCHE KÜCHE

Obwohl die fleischlose Ernährung dem Gesundheitsbewusstsein der Chinesen entsprechen müsste, bekennen sich, abgesehen von überzeugten Buddhisten, nur wenige zum Vegetarismus. Ein Grund dafür mag sein, dass der chinesische Gaumen rohe Speisen, selbst Salate, verabscheut. Außerdem gehören Sojabohnenquark und viele andere Zutaten der vegetarischen Küche ohnehin auf den Speiseplan der Chinesen. Doch inzwischen bereiten einige interessante Restaurants (auch solche mit indischer Küche) Vegetarisches fantasievoll zu.

Komala Vilas €€ E2
- 12–14 Buffalo Rd. | Little India
Tel. 6293 3664
Filiale: 76–78 Serangoon Rd. | Little India
www.komalavilas.com.sg

Madras New Woodlands €€ E2
- 14 Upper Dickson Rd. | Little India
Tel. 6297 1594

Liebhaber von Seafood können in Singapur aus dem Vollen schöpfen

SEAFOOD

Dank der Insellage kommen in Singapur stets frischer Fisch, Krusten- und Schalentiere auf den Tisch. Was in der Nähe nicht verfügbar ist, wird direkt importiert: große Krebse aus Sri Lanka oder Riesenhummer aus Thailand. Ein regelrechtes Ballungszentrum von Seafood-Restaurants befindet sich am East Coast Parkway > S. 127.

Fische und Krustentiere werden überwiegend gekocht oder gegrillt serviert. Eine makabre Ausnahme: *drunken prawns*. Sie werden am Tisch lebend in eine mit Alkohol gefüllte Schüssel geworfen und erst, wenn sie »betrunken« sind, flambiert. Weitaus appetitanregender sind *chilli crabs* oder *pepper crabs*, Krebse mit feuriger Chili- bzw. Pfeffersoße – ein Nationalgericht Singapurs. Oder knusprig gebratener *baby squid* (winzige Tintenfische) in dunkler Sojawürze.

No Signboard Seafood €€–€€€ E4
Sehr gute Fischküche.

- The Esplanade | #01-14 | 8 Raffles Ave. City Centre | Tel. 6336 9959
  Filiale: VivoCity | #03-02 | 1 Harbourfront Walk | Harbourfront Precinct
  Tel. 6376 9959
  www.nosignboardseafood.com

East Coast Parkway Seafood Centre
€–€€€ > S. 127

MALAIISCHE UND INDONESISCHE KÜCHE

Die Malaien haben die Kochkünste ihrer nördlichen und südlichen Nachbarn, der Thailänder und der Indonesier, kombiniert. Das Ergebnis sind ausgesprochen köstliche Gerichte, viele angereichert mit schweren Kokosmilchsoßen, viele mit Chili scharf gewürzt. Zitronengras und Curry sind aus der malaiischen Küche ebenso wenig wegzudenken wie Koriander und Zimt. Fisch ist so beliebt wie Fleisch und Geflügel. Lediglich auf Schweinefleisch verzichten die gläubigen Muslime. Populärstes Gericht sind *satays*, kleine marinierte Fleischspieße, die über Holzkohlefeuer gegrillt und mit Erdnusssoße serviert werden. Malaien und Indonesier essen übrigens nicht mit Stäbchen, sondern benutzen Gabel und Löffel und auch schon mal die Hände.

MALAIISCHES RESTAURANT

Mamanda €–€€ F3

Traditionelle Küche in einem denkmalgeschützten Gebäude, das Lunch-Buffet ist ideal zum Probieren.

- 73 Sultan Gate | Arab Street
  Tel. 6396 6646 | www.mamanda.com.sg

INDONESISCHE RESTAURANTS

Cumi Bali €€ D5

- 66 Tanjong Pagar Rd. | Chinatown
  Tel. 6220 6619 | www.cumibali.com

Rumah Makan Minang €€ F3

- 18 Kandahar St. (in Sichtweite der Moschee) | Arab Street
  Tel. 6294 4805 | www.minang.sg

Tambuah Mas €–€€ > S. 34

Indobox € B3

- ION Orchard | #B3-24 | 2 Orchard Turn
  Orchard Road District | Tel. 6509 8600
  www.indoboxcafe.com.sg

INDISCHE KÜCHE

Es darf mit der Hand gegessen werden, allerdings nur mit der rechten, die man zuvor in einem der Waschbecken des Restaurants gründlich gereinigt hat. Wem das nicht behagt, der kann um Gabel und Löffel bitten. Messer sind unüblich und auch unnötig, so mundgerecht wie die Speisen serviert werden. Indische Muslime essen kein Schweinefleisch, Hindus kein Rindfleisch, viele sind Vegetarier. Charakteristisch für die gesamte indische Küche ist die frische Zubereitung der Gewürze, kurz bevor sie den Speisen beigefügt werden. Ansonsten gibt es große regionale Unterschiede.

Die mit Abstand am schärfsten gewürzten Speisen produziert die südindische Küche (sehr gut z. B. bei Banana Leaf Apolo, > S. 34), die in Singapur häufiger vertreten ist als die mildere nordindische: Chili gehört unverzichtbar ins und zum Essen. Wer es nicht so scharf mag, sollte gleich bei der Bestellung um »Milde« bitten. Der oft mitservierte Joghurt entschärft südindische Speisen. Oder bestellen Sie eines der Sauermilchgetränke *(lassis)*.

Im Süden isst man viel Reis, im Norden mehr Brot. Die *roti prata*, weiche Teigfladen > S. 120, stehen im Süden auf dem Frühstückstisch, *chapati* oder locker gebackene *naan* gehören im Norden zu allen Mahlzeiten. Eine südindische Spezialität sind die *dosai*, aus Reisteig in vielerlei Formen ausgebacken, besonders beliebt mit Currys gefüllt. Im Süden Indiens sind die oft mit Kokosmilch angereicherten

Currys sämiger als die im Norden. Keinesfalls entgehen lassen sollten Sie sich *fish head curry*, eine für Singapur typische Kreation indischer Kochkunst. Einige Restaurants der nordindischen Küche garen Fleisch, Geflügel und Fisch in tönernen Tandoor-Öfen. *Tandoori chicken* ist sehr populär. Zu empfehlen sind aber auch *jeenga tandoori dilbahar*, marinierte, im Ofen gebackene Garnelen.

SÜDINDISCHE RESTAURANTS

Muthu's Curry €€–€€€ E2

- 138 Race Course Rd. | Little India
  Tel. 6392 1722 | www.muthuscurry.com

Taj Authentic Indian Cuisine €€ D5

- 214 South Bridge Rd. | Chinatown
  Tel. 6226 6020

NORDINDISCHE RESTAURANTS

Maharajah Orchard €€–€€€ C3

- 29 Cuppage Rd. | Cuppage Terrace
  Orchard Road District | Tel. 6732 6331
  www.maharajah.com.sg

Song of India €€–€€€ C2

33 Scotts Rd. | Newton
Tel. 6836 0055
www.thesongofindia.com

Riverwalk Tandoor €€ D4

- The Riverwalk | #B01–38
  20 Upper Circular Rd. | Singapore River
  Tel. 6536 0875
  www.rwt.com.sg

Punjab Grill €–€€ F5

The Shoppes at Marina Bay Sands
#B1–01A | 2 Bayfront Ave. | Marina Bay
Tel. 6688 7395 | www.punjabgrill.com.sg

ANDERE KÜCHEN ASIENS

Fast alle Nationen des Kontinents sind in Singapur kulinarisch vertreten. Die zahlungskräftigen Touristen und Geschäftsleute aus Japan haben Sushi-Bars und Teppanyaki-Restaurants wie Pilze aus dem Boden schießen lassen. Immer mehr Imbisse haben sich auf japanische Schnellgerichte wie Nudelsuppen und Sushi spezialisiert. Auch Supermärkte (z. B. Takashimaya im Ngee Ann City › S. 96) bieten Sushi, einzeln verpackt, mit Ingwer, Sojasoße und Essstäbchen – die günstigste Art, japanisch zu schlemmen.

Liebhaber der Thai-Küche kommen bei allerlei Köstlichkeiten mit Chili, Zitronengras, Koriander und anderen aromatischen Gewürzen voll auf ihre Kosten.

JAPANISCHE RESTAURANTS

Akira Back €€–€€€ E3

Hier treffen japanische, koreanische und amerikanische Einflüsse aufeinander.

- JW Marriott Hotel | 30 Beach Rd.
  Level B1M | City Centre | Tel. 6818 1914
  www.akiraback.com

So Ramen €–€€

Originelle kleine Gerichte (kein Sushi).

- Bedok Mall | #B1–09
  311 New Upper Changi Rd. | Bedok
  Tel. 6844 9441 | www.soramen.com.sg

Sushi Express € C3

Sushi und Sashimi vom laufenden Band. Diverse Filialen, z. B.

- 313@Somerset | #B3–28/29
  313 Orchard Rd. | Orchard Road District
  Tel. 6509 5002
  www.sushiexpress.com.sg

Im Chijmes schlemmt man im Schatten eines alten Konvents

THAILÄNDISCHE RESTAURANTS

Jim Thompson €€

Sehr gutes Restaurant mit hübscher Terrasse, stilvoll möbliert

- 45 Minden Rd. | Dempsey Hill
  Tel. 6475 6088
  www.jimthompsonrestaurant.com

Renn Thai € D4

- 3D River Valley Rd. | Clarke Quay
  Singapore River | Tel. 6338 7200
  www.rennthai.com.sg

INTERNATIONALE KÜCHE

Fast alle großen Hotels haben auch Restaurants, in denen Europäer und Amerikaner gewohnte Gerichte auf der Speisekarte finden. In diesen trifft man immer wieder auf vom Heimweh geplagte *expatriates* (vorübergehend in Singapur lebende oder eingewanderte Europäer) und vom Gewirr exotischer Küchen verunsicherte Touristen. Im Marina-Bay-Sands-Komplex › S. 89 haben sechs Top-Chefs aus Europa, Amerika und Australien ihre Vorzeige-Restaurants eröffnet.

Das große Angebot hochwertiger Nahrungsmittel in Singapur macht es westlichen Köchen leicht, saftige Steaks, zarten Fisch und knackiges Gemüse auf den Tisch zu bringen.

Französische Küche steht in Singapur für elegantes Dinieren mit Hors d'Œuvres, Chateaubriand und flambierten Desserts: meist teuer und leider selten das Geld wert.

»Italienisch« mit Pizza und Pasta trifft genau den kosmopolitischen Geschmack junger Singapurer und gibt es deshalb mittlerweile zuhauf, ebenso Burger internationaler Fast-Food-Ketten.

Beliebte internationale Restaurants gibt es im **Chijmes-Centre** (30 Victoria St.) und im **Hotel Regent** (1 Cuscaden Rd.). **Mövenpick** unterhält Niederlassungen im VivoCity und im 313@Somerset (230 Orchard Rd.), **Delifrance** (mehrere Filialen in der Innenstadt) und **TCC** (› s. unten, »Coffee to go«) bieten sich zum Frühstücken oder für einen Snack an. Deftig und süddeutsch gibt sich die **Brotzeit** (u. a. VivoCity, #01–149, und Raffles City). Sehr populär ist **BreadTalk** (z. B. am Eingang zum Casino auf Sentosa) mit japanischen Käsekuchen und Chilli-Crab-Toast.

INTERNATIONALE RESTAURANTS

Original Sin €€€

Italienische Küche, originell (und vegetarisch) umgesetzt.

- 43 Jalan Merah Saga | #01–62
  Holland Village | Tel. 6475 5605
  www.originalsin.com.sg

Blu Jaz Cafe €€ F3

Asiatisch-europäische Küche.

- 11 Bali Lane | Arab Street
  Tel. 8126 2936 | www.blujazcafe.net

COFFEE TO GO

Auch Kaffeetrinker kommen in Singapur auf ihre Kosten: Besonders gut schmeckt das aromatische Gebräu in den Filialen von **TCC – The Connoisseur Concerto** (www.theconnoisseurconcerto.com), wo auch leckere Kuchen und kleine warme Gerichte serviert werden.

Cha Cha Cha €€

Tacos, Nachos und anderes Mexikanisches stehen hier auf der Karte.

- 32 Lorong Mambong | Holland Village
  Tel. 6462 1650 | www.chachacha.com.sg

Aglio Olio €–€€ D5

Interessantes Nudelhaus.

- 3 Pickering St. | #01-40/41 | Chinatown
  Tel. 6327 3622 | www.aglioolio.com.sg

Esquina € D5

Tolle spanische Tapas in asiatischer Geschmacksrichtung.

- 16 Jiak Chuan Rd. | Chinatown
  Tel. 6222 1616
  www.esquina.com.sg

FOOD COURTS

Viele Malls bergen im Basement ausgedehnte Imbisshallen, in gewisser Weise die moderne Variante der Hawker Stalls › Seitenblick S. 46. In den Food Courts gibt es westliches Fast Food gleichberechtigt neben asiatischen Garküchen. Hier bestellen nach Feierabend die Eltern Laksa und Satay-Spieße, während die aus der Schule kommenden Kinder Burger und Cola vorziehen.

BELIEBTE ESSMEILEN

In Chinatown sind die **Smith Street,** aber auch **Keong Saik** und **Bukit Pasoh Road** gute Tipps. Am **Boat Quay** (zwischen Cavenagh Bridge und South Bridge Road) konzentrieren sich asiatische und europäische Restaurants. Und auch der **Clarke Quay** flussaufwärts bietet eine riesige Auswahl. Etwas ruhiger und übersichtlicher ist es am benachbarten **Robertson Quay**

Der Clarke Quay am Singapore River ist ein beliebter Dining-Spot

(u. a. Aburiya, Boomarang und nebenan Red House Seafood). Einen umwerfenden Blick auf Marina Bay Sands bieten die Restaurants am **One Fullerton** (1 Fullerton Rd., nahe Merlion Park).

ORCHARD ROAD

Die **Cuppage Terrace** > S. 94 ist eine gute Adresse für Outdoor-Dining, und im **Ngee Ann City Shopping Centre** > S. 96 finden Sie im 4. Stock mehrere empfehlenswerte asiatische Restaurants, im Basement ein anspruchsvolles Food Village mit Supermarkt.

ROCHESTER PARK

In drei der früheren Privathäuser britischer Offiziere haben sich Restaurants niedergelassen: Bei **Da Paolo** (No. 3, Tel. 6774 5537, www.dapaolo.com.sg) quaken Frösche mit Eros Ramazotti im Duett; im **Beerfest** (No. 4, Tel. 9722 7446, www.beerfest-brewery-sg.com) genießt man hausgebrautes Bier zu Schweinshaxen. **Thymes @ Rochester** (No. 44, Tel. 8157 7236, www.thymes.sg) ist ein Bistro mit internationaler Küche. In den originell gestalteten Gärten kann man unter mächtigen Fächerpalmen auch einfach nur einen Drink nehmen. Hin kommt man mit der MRT (Station Buona Vista, dann ca. 500 m zu Fuß) oder per Taxi.

DEMPSEY HILL

Einst wohnten hier britische Soldaten, jetzt haben sich auf dem Armeegelände westlich der City und südlich der Botanic Gardens experimentierfreudige Feinkostgeschäfte (z. B. **Jones**, www.jonesthegrocer.com) und ebensolche Restaurants niedergelassen. Empfehlenswert sind **Samy's Curry** (Tel. 6472 2080, www.samyscurry.com) und **Long Beach Seafood** (Tel. 6323 2222, www.longbeachseafood.com.sg). Außerdem laden diverse Galerien und Antiquitätengeschäfte zum Stöbern ein. Anfahrt am besten per Taxi.

WÄRMSTENS ZU EMPFEHLEN

Die Singapurer lieben die schnelle, einfache und dennoch köstliche Mahlzeit am Imbiss

Hawker Stalls, kurz »Hawkers« genannt, waren ursprünglich mobile Kochstellen, die am Straßenrand Essen verkauften. Im Laufe der Zeit haben die Imbisse ihren festen Platz in sogenannten Hawker Centres erhalten. Fast alle asiatischen Küchen Singapurs brutzeln appetitlich vor sich hin, für Topfgucker ebenso reizvoll wie für preisbewusste Feinschmecker. Denn nirgendwo in der Stadt zahlt man so wenig für leckere, landestypische Speisen. Langen Sie unbesorgt zu; Hygiene wird großgeschrieben. Die Vorschriften sind streng, und die staatlichen Kontrolleure drücken kein Auge zu. An jedem Stand geben die Buchstaben A, B oder C Aufschluss über die Sauberkeit. Bei D sollten Sie von einem Besuch besser Abstand nehmen.

HAWKERS-KNIGGE

Schon beim ersten Rundgang durch das Centre wird Ihnen angesichts der vor sich hinbrutzelnden Köstlichkeiten das Wasser im Munde zusammenlaufen. Nebenbei halten Sie nach freien Plätzen an einem der nummerierten Tische Ausschau. Alles besetzt? Wo noch ein bisschen Platz ist, wird man zusammenrücken – ganz normal in Singapur.

Am Imbissstand Ihrer Wahl geben Sie dann die Bestellung auf und nennen dabei die Tischnummer. Und während das Essen gart, holen Sie sich Getränke: Softdrinks sind üblich, Bier in Flaschen kein Problem, Wein die große Ausnahme.

Die Preise sind übersichtlich aufgelistet, sodass Sie keine böse Überraschung fürchten müssen.

HAWKERS-HITLISTE

- **Geylang Serai Food Centre:** (Sims Avenue, Geylang) mit überwiegend malaiischen Gerichten.
- **Lau Pa Sat Festival Market** E5: (Boon Tat Street/18 Raffles Quay, Chinatown) mit schickem Styling.
- **Maxwell Food Center** E3: (1 Kadayanallur St., Chinatown) mit viel lebendigem Treiben.
- **Newton Circus Hawker Centre** C2: (nahe Newton Circus, Newton) mit köstlich zubereiteten Meeresfrüchten.
- **Tekka Hawker Centre** E2: (Bukit Timah/Serangoon Rd., Little India) mit indischen Speisen.
- **Food Republic:** (3. Etage im VivoCity, Harbourfront Precinct) ist ein folkloristisch gestalteter Hawker Stall, beliebt auch bei Einheimischen.
- **Makansutra** E4: (Gluttons Bay, am Esplanade Theatre, Marina Bay) in zentraler Lage und mit bester Qualität.

HAWKERS-SPEISEPLAN

An den Ständen gibt es alles, was schnell und ohne großen Aufwand zubereitet werden kann: leckere Satays oder Garnelen vom Holzkohlengrill, indischen Hammeleintopf, natürlich auch die scharfe Laksa, eine Kokosnuss-Curry-Brühe mit Reisnudeln, Krabben und/oder Hühnchen nach malaiischer Rezeptur, oder indische Currys aus dem großen Topf sowie Hongkong-Nudeln aus dem Wok und dazu gebratenes Entenfleisch. Manchmal wird auch scharfe *chilli crab* angeboten, mit Reis als Evergreen, in jeder erdenklichen Variante: ob gekocht, gebraten oder *sticky*, klebrig, wie ihn die Südostasiaten am liebsten mögen.

KLEINER ESSDOLMETSCHER

- **Bak Kuh Teh** – Schweinerippchen mit Chinakohl, serviert wie eine Bouillon
- **Biryani** – Safranreis mit Huhn, Rind oder auch Fisch
- **Char Kway Teow** – gebratene Nudeln mit Sojasprossen und Meeresfrüchten
- **Fish Head Curry** – in scharfer Currysoße gegarte Fischköpfe mit Tomaten und Okragemüse
- **Foochow Noodles** – in Soja- und Austernsoße gekochte Nudeln mit Frühlingszwiebeln und Trockenfisch
- **Hainanese Chicken Rice** – gekochtes Hühnerfleisch mit Reis und Gemüse
- **Hokkien Fried Mee** – Nudeln mit Schweinefleisch, Garnelen und Gemüse
- **Laksa** – scharfe Nudelsuppe mit Kokosmilch, Garnelen und Fischbällchen
- **Murtabak** – dicke indische Teigfladen gefüllt mit Zwiebeln, Huhn oder Lamm
- **Nasi Lemak** – gebratene Sardellen, Gurke, Erdnüsse und Ei auf Kokosreis
- **Sar Hor Fun** – Hühnersuppe mit Garnelen, Sojasprossen und Reisnudeln
- **Satay** – Gegrillte Fleischspießchen in einer würzigen Erdnusssoße

Laksa gilt als Singapurs Nationalgericht

SHOPPING

Singapurs Haupteinkaufsmeile ist die Orchard Road mit Abschnitten von Scotts und Tanglin Road, alle großen Marken sind hier vertreten. Nach Schnäppchen suchen Käufer hier aber meist vergebens – allenfalls ein Sale, v. a. nach dem Chinesischen Neujahrsfest, lässt die Preise fallen.

TIPPS FÜR DEN EINKAUF

Auf Märkten und in einigen Shoppingcentern (z. B. im Lucky Plaza in der Orchard Road sowie in Chinatown) ist **Handeln** nach wie vor Pflicht. In Edelboutiquen und in den Kaufhäusern der Orchard Road gelten Festpreise. Geschäfte mit dem »Case-Trust«-Emblem unterliegen einer strengen staatlichen Kontrolle (www.case.org.sg).

Alle Läden schlagen auf den Verkaufspreis 7 % **Mehrwertsteuer** *(goods and services tax)* auf. Kaufen Sie für mehr als 100 S$ in einem Shop ein, der ein Tax-Free- bzw. eTRS-Logo trägt, bekommen Sie bei der Ausreise am Flughafen die GST zurückerstattet. Dazu lassen Sie zunächst an einem eTRS-Ticket-Automaten die GST-Dokumente, die der Verkäufer Ihnen gegeben hat, einlesen, dann weisen Sie die Waren (im Handgepäck!) beim Customs Inspection Counter vor. Wenn Sie die Waren im Koffer verschicken möchten, müssen Sie vor (!) dem Check-in zum Customs Inspection

Unter den Malls an der Orchard Road ist ION Orchard das Aushängeschild

Counter in der Abflughalle. Die Erstattung wird auf Ihrer Kreditkarte gutgeschrieben. Weitere Infos unter www.iras.gov.sg, www.customs.gov.sg, www.global-taxfree.com.sg und www.changiairport.com, dort den Links »Airport Guide«, »Departure Guide«, »Immigration and Customs« und »GST Refund« folgen.

Kreditkarten (mit PIN) werden überall akzeptiert, bisweilen wird eine Gebühr berechnet. Die meisten Geschäfte haben von 10/11 bis 21/22 Uhr geöffnet, die großen Einkaufszentren auch sonntags.

Achten Sie beim Kauf von **Fotoartikeln** und **Elektrogeräten** auf die internationale (!) Garantiekarte des Herstellers (die meist den Preis beträchtlich nach oben treibt), auf die übereinstimmende Seriennummer und den richtigen Netzanschluss.

Fluglinien befördern zu relativ günstigen Konditionen unbegleitetes Gepäck *(unaccompanied baggage)*. Am besten im Internet unter »Excess Baggage Singapore« suchen oder bei der Airline nachfragen.

REKLAMATIONEN

Eventuelle Beschwerden richten Sie an das Customer Information and Service Department des **Singapore Tourism Board** › S. 153, an eines der Visitor Centres oder an www.case.org.sg. Bei einem Streitwert unter 1000 S$ vermittelt das **Small Claims Tribunal (SCT)** innerhalb von 24 Std. (Subordinate Courts Building, 1 Havelock Square, Tel. 6435 5946, Mo–Fr 8.30–17, Sa bis 13 Uhr; 10 S$ Gebühr, www.statecourts.gov.sg).

WAS MAN WO BEKOMMT

In den großen Malls an der Orchard Road bekommen Sie alles, was das Herz begehrt. Der beste, wenn auch nicht günstigste Duty-free-Shop befindet sich im Millenia Walk › S. 89. Weitere Adressen › S. 100.

ANTIKES

In der ehemaligen Armeekaserne an der **Dempsey Road** (Dempsey Hill) und im **Tanglin Shopping Centre** (19 Tanglin Rd.) gibt es mehrere Läden mit hochwertiger Auswahl. Möbel und Vasen aus China finden Sie bei **Emperor's Attic** (Tan Boon Liat Building, #01–10, 315 Outram Rd., www.emperorsattic.com), Peranakan-Kunst im **Katong Antique House** (208 East Coast Rd., Tel. 6345 8544).

BÜCHER

Books Kinokuniya C3

Derzeit der größte Buchladen Singapurs mit umfangreichem Angebot südostasiatischer Literatur › S. 96.

- Ngee Ann City | 391 Orchard Rd.
  Orchard Road District
  www.kinokuniya.com.sg

COMPUTER

Apple Store C3

2017 öffnete der erste Apple Store Südostasiens. Die gesamte Produktpalette führen aber auch die EpiCentre Shops (www.epicentreasia.com) in großen Malls.

- 270 Orchard Rd. | Orchard Road District
  www.apple.com

Funan E4

Hightech (aber nicht nur) auf sechs Stockwerken. Alles ist total digital – bis hin zur Gesichtserkennung.

- 109 North Bridge Rd. | City Centre
  www.funan.com.sg

FOTOARTIKEL

Am preiswertesten sind **Lucky Plaza, Far East Plaza** (beide Orchard Road) und **Far East Shopping Centre** (Scotts Road). Hier muss gehandelt werden. Hochwertiger ist die Auswahl im **Centre Point** (Orchard Road). **e-life@suntec** (Suntec City Mall) ist ebenfalls sehr gut sortiert.

HIFI / AUDIO

Sim Lim Square (Rochor Canal/Bencoolen Street), **Sim Lim Tower** (Jl. Besar), **Adelphi** (Coleman/North Bridge Road) und **Plaza Singapura** (Orchard Road, schräg gegenüber der MRT-Station Dhoby Ghaut) haben eine große Auswahl, ebenso **People's Park Centre** und **Burlington Square.**

MASSGESCHNEIDERTES

Geben Sie dem Atelier 48 Std. Zeit für ein Kleidungsstück nach Maß! Bei Reklamationen › S.49. Ein Seidenanzug kostet 250 bis 750 €.

Coloc The Tailor C3
- Mandarin Hotel | #03–07
  333A Orchard Rd. | City Centre
  Tel. 6338 9767 | www.coloc.com.sg

CYC Made to Measure E5
- 1 Fullerton Square | Fullerton Hotel
  #01–06 | City Centre | Tel. 6538 0522
  www.cyccompany.com

Justmen's B2
- Tanglin Shopping Centre | #01–36
  19 Tanglin Rd. | Orchard Road District
  Tel. 6737 4800 | www.justmens.com

STOFFE

Riesenauswahl zu kleinen Preisen in Chinatown › S. 102, bei Einzelhändlern in Little India › S. 112 und um die Arab Street › S. 118.

Tanglin Silk Store B2
Die Auslagen des seit 1956 bestehenden kleinen Ladens hypnotisieren mit intensiv changierenden Farbtönen feinster Seidenstoffe. Ausgezeichnete Beratung.
- Far East Plaza | #3–110
  14 Scotts Rd. | Orchard Road District
  Tel. 6734 2680
  www.tanglinsilkstore.com.sg

MODE UND ACCESSOIRES

Die beste und größte Auswahl haben Sie in der Orchard und Tanglin Road, in den **Raffles Hotel Arcades,** im **Capitol Building** (Stamford Road), im **Chijmes** (30 Victoria St.) und im **Millenia Walk** (9 Raffles Blvd., Marina Centre).

Lokale Modelabels sind **Reckless Ericka** (z .B. bei Tangs at Tang Plaza, Level 2, 320 Orchard Road, und im Design Orchard, 250 Orchard Rd., www.recklessericka.com), **In Good Company** (u. a. ION Orchard, 2 Orchard Turn, #B1–06, und The Jewel, Changi Airport, #01–214, www.ingoodcompany.asia) und **Beyond the Vines/BTV** (333 Orchard Rd., Mandarin Gallery, #02–21, 320 Orchard Rd., Tang Plaza, Level 2, www.beyondthevines.com).

SOUVENIRS

In den Straßen Chinatowns gibt es Andenken im Überfluss, darunter viele preiswerte und wenige originelle. Eine große Auswahl bietet z. B. die **Chinatown Point Mall,** 133 New Bridge Rd.). **Yue Hwa** verkauft auf sechs Etagen Kleidung, Seide, Tee, Lebensmittel und Antiquitäten (70 Eu Tong Sen St., www.yuehwa.com.sg). Wer sich für Vogelnester (ab 180 S$) und andere ausgefallene (getrocknete) Delikatessen interessiert, wird bei **Bee's Brand Birds Nest & Health Products** fündig (64–66 Smith St., www.beesbrand.com.sg).

In Chinatown werden Glücksbringer aller Art als Souvenir zum Verkauf angeboten

Eng Tiang Huat

Souvenirs rund um die Chinesische Oper und den Löwen-/Drachentanz (Kostüme, Masken), chinesische Musikinstrumente, Martial-Arts-Waffen.

- 10 Lorong 24A | Geylang | Tel. 6734 3738
  www.dunhuangmusic.com

Lim's Arts & Living

Möbel und Wohnaccessoires.

- Holland Road Shopping Centre | #03–12
  211 Holland Ave. | Holland Village
  www.limslegacy.com

Nams Supplies/Nam Cheong D5

Häuser, Autos, Handys etc. aus Papier und andere als Beigaben zur buddhistischen Feuerbestattung dienende Gegenstände.

- 22 Smith St. | Chinatown
  Tel. 6324 5872
  Filiale: 334 Keong Saik Rd. | Chinatown

National Museum Shop D3

Der Museumsshop ist eine Fundgrube für geschmackvolle Mitbringsel.

- National Museum of Singapore
  93 Stamford Rd. | City Centre
  Tel. 6336 3670
  www.museumshop.com.sg

Peranakan Tiles Gallery D5

Originale aus dem 19. Jh. und diesen nachempfundene Peranakan-Keramikfliesen.

- 168 Telok Ayer St. | Chinatown
  Tel. 6684 8600

Say Tian Hng Buddha Shop D5

Hier werden seit über 120 Jahren taoistische Götterstatuen hergestellt und repariert.

- 35 Neil Rd. | Chinatown
  Tel. 6221 1042 | www.buddhashop.sg

Singapore Philatelic Museum E4

Das Museum zeigt eine interessante Sammlung historischer Singapur-Briefmarken und hat auch einen gut sortierten Shop (wegen Renovierung bis voraussichtlich Ende 2020 geschlossen).

- 23B Coleman St. | City Centre
  Tel. 6337 3888 | www.spm.org.s

MÄRKTE MIT LOKALKOLORIT

- Sie mögen die besondere Atmosphäre auf Flohmärkten? Die gibt es auch in Singapur und die interessantesten Termine findet man unter www.fleawhere.com. Beliebt ist der **Sunday Flea Market** im **Fook Hai Building** (150 South Bridge Road, 11–17 Uhr).
- Das bunte Durcheinander auf dem **Geylang Serai Market** > S. 124 täuscht: Die Auslagen der Stände haben ihre spezielle Ordnung und die malaiische Stammkundschaft weiß genau, wo was zu finden ist.
- Erstaunlich, was bei Singapurern so alles durch den Magen geht. Sehen Sie sich auf dem **Tiong Bahru Wet Market** B5 um. Vor allem das Angebot an Fischen und anderen Meerestieren ist überwältigend (30 Seng Poh Rd., Tiong Bahru, tgl. 5–13 Uhr).
- Auch der **Wet Market** im Basement des **Tekka Centre** > S. 114 in Little India fährt die exotischsten Lebensmittel auf. Interessant ist der Shopping-Komplex aber vor allem wegen des riesigen Angebots an Schmuck und Textilien.
- Das Marktreiben im einstigen Rotlichtviertel an der Bugis Street hat sich gewandelt, nachdem im Zuge der Sanierung auch der Einzelhandel auf Vordermann gebracht wurde. Doch der **Bugis Street Night Market** B5 ist immer noch toll (4 New Bugis St., City Centre, tgl. 11–22 Uhr).

TEE

Tea Chapter D5

Chinesischer Tee > S. 109.

TWG (The Wellness Group) E5

Das Sortiment umfasst neben 300 Teesorten auch Teegeschirr.

- Swissotel The Stamford | 2 Stamford Rd. City Centre | Filialen: ION Orchard, Marina Bay Sands, Changi Airport
  Tel. 6538 1837 | www.twgtea.com

EINKAUFSVIERTEL ABSEITS DER ORCHARD ROAD

Chinatown > S. 102, **Little India** > S. 112 und **Arab Street** > S. 118 sind bevorzugte Einkaufsgegenden auch der Singapurer. Jüngeren Datums und moderner sind die überdachten Shoppingcenter **Marina Bay Sands, Marina Square, Millenia Walk** und **Suntec City Mall** > S. 89 sowie **Vivo City** > S. 133 an der Harbourfront.

In den **Fu Lu Shou Complex** (149 Rochor Rd., www.fulushoucomplex.com) haben sich ein paar alteingesessene Geschäftsleute aus der heftig sanierten Bugis Street gerettet, z. B. der Feng-Shui-Meister Tan (Way Fengshui Group, #02–11, Tel. 6338 3800, Mo–Fr 10–19 Uhr; > Seitenblick S. 68), aber auch Fußmasseure und Verkäufer von Gegenständen zur religiösen Andacht.

Das Angebot in den Malls der **Housing Estates** entspricht meist nicht dem Bedarf europäischer Kundschaft. Eine Ausnahme bildet das **Ang Mo Kio Centre** (MRT Ang Mo Kio). Am frühen Abend lohnt auch das **Holland Village** (Holland Avenue, MRT Buona Vista) einen Schaufensterbummel.

AM ABEND

Erst in den 1990er-Jahren kam Singapurs Nachtleben richtig in Schwung. Den Startschuss setzten die Restaurierung von Boat Quay und Clarke Quay sowie die Eröffnung einiger großer Discos am Singapore River.

Seither pulsiert das Leben nach Sonnenuntergang auch vielerorts abseits von Orchard Road und Bugis Street. Preiswert ist es nicht, in Singapur auszugehen. Ein Glas Wein oder Bier kostet zwischen 8 und 18 Dollar und in den Discos wird häufig und vor allem am Wochenende eine *cover charge* erhoben (Eintritt inklusive ein Getränk 10–25 S$). Viele Pubs bieten zwischen 17 und 20 Uhr eine ermäßigte Happy Hour.

Romantikern empfiehlt sich »Wings of Time« auf Sentosa › S. 133 oder ein Dinner in einer Gondel der Cable Car zum Mount Faber mit Blick auf die Glitzerkulisse der Skyline (www.onefabergroup.com, 288 S$ für 2 Pers.). Sehr stimmungsvoll geht es auch bei den Sunset Sails mit der »Royal Albatross« zu. Der luxuriöse Viermaster kreuzt ab 18 Uhr über das chinesische Meer und zeigt die illuminierte City aus der Ferne. An Bord gibt es ein sehr gutes 3-Gänge-Dinner und dezente, stimmungsvolle Musikbegleitung. Der 2,5-stündige Segeltörn beginnt und endet in der Resort World Sentosa (195 S$ pro Person plus Getränke, Tel. 6863 9585, www.tallship.com.sg).

Romantiker können mit der »Royal Albatross« in den Sonnenuntergang segeln

Besonders viel los ist abends in **Chinatown** rund um die Club Street und Ann Siang Hill sowie am Nachtmarkt in der Smith Street, in der **Bugis Street** mit Nachtmarkt und vielen Restaurants, an der **Cuppage Terrace** mit Restaurants und Pubs bzw. der Verlängerung des Peranakan Place nahe der Orchard Road und auf dem **Lau Pa Sat Festival Market** am Raffles Quay. Aktuelles Epizentrum des Nachtlebens ist der Clarke Quay zwischen Coleman Bridge und Read Bridge, z. T. auch der benachbarte **Robertson Quay.** Sehr beliebt bei Expats und Locals ist das Viertel rund um das **Holland Village Shopping Centre**, entspannt die Atmosphäre in den Strandbars auf **Sentosa** > S. 132 oder am **One Fullerton** (Terrassenbars und Restaurants) mit Blick auf Marina Bay Sands und der farbenfrohen Wasser- und Laser-Show (Infos: www.marinabaysands.com/entertainment). Beste Fotos von der kühnen Architektur des Marina Bay Sands und dem ArtScience Museum inklusive Lichteffekten kann man abends auf zwei Fotobühnen von der **Helix-Brücke** aus machen. In die beiden **Casinos** (Marina Bay Sands, Resorts World Sentosa) kommt man nur gegen Vorlage des Reisepasses hinein. Etwas für Insider ist die **Haji Lane** > S. 119 im Arabischen Viertel mit ihren vielen Cafés und Bistros, z. B. dem Blue Jaz Cafe > S. 44.

Veranstaltungstipps finden Sie in der Tageszeitung »Straits Times« sowie online unter www.timeout.com/Singapore, www.eventbrite.sg, www.visitsingapore.com und www.citynomads.com.

Tickets vermitteln das Fremdenverkehrsamt an der Orchard Road > S. 153 oder Sistic (Tel. 6348 5555, www.sistic.com.sg).

BARS, KNEIPEN UND KLUBS

Attica D4
Tolle Lichtshows in einem der besten Nachtklubs der Stadt.
- 3A River Valley Rd. | Clarke Quay Singapore River | Tel. 6333 9973 www.attica.com.sg

LeVel 33 F3
Toller Blick von der Terrasse, süffiges Bier, das ebenfalls hier in 153 m Höhe gebraut wird, auch tagsüber beliebt.
- 8 Marina Blvd. | MBFC Tower 1 | #33–01 Marina Bay | Tel. 6834 3133 www.level33.com.sg

Employees Only D5
Bar nach amerikanischen Vorbild, ausgezeichnete Cocktails. Mit Restaurant.
- 112 Amoy St. | Chinatown Tel. 6221 7357 www.employeesonlysg.com

Lantern Bar E5
Luftige *day beds* am Rooftoppool mit fantastischem Blick auf die Marina Bay. Nicht-Hotelgäste müssen sich an der Rezeption anmelden.
- The Fullerton Bay Hotel > S. 30

Long Bar E3
Geburtsort des Singapore Sling und der einzige Platz in Singapur, wo Sie ungestraft Abfall auf den Boden werfen dürfen: aber bitte nur die Schalen der gereichten Erdnüsse > **Seitenblick S. 87.**
- Raffles Hotel Arcades | City Centre Tel. 6412 1230 | www.raffles.com

Marquee F5
Derzeit Singapurs modernster Klub mit Riesenrad über drei Etagen.
- 2 Bayfront Ave. | The Shoppes at Marina Bay Sands | # B1–67 | Marina Bay
  Tel. 6688 8672
  www.marqueesingapore.com

Monti at 1-Pavilion E5
Restaurant und Bar mit Jazz-Musik und Blick auf Marina Bay Sands.
- 82 Collyer Quay | City Centre
  Tel. 6535 0724 | www.monti.sg

Paulaner Brauhaus F4
Hier frönen die Singapurer deutscher Gemütlichkeit – oder was sie dafür halten.
- 9 Raffles Blvd | Millenia Walk | #01–01
  City Centre | Tel. 6883 2572
  www.paulaner-brauhaus-singapore.com

Pump Room D4
Mikrobrauerei und Auftritte von Live-Bands. Gute Atmosphäre.
- 3B River Valley Rd. | Clarke Quay
  Singapore River | Tel. 6334 2628
  www.pumproomasia.com.sg

Que Pasa C3
Ruhige und gemütliche Weinbar.
- 7 Emerald Hill Rd. | Orchard Road District
  Tel. 6235 6626 | www.quepasa.com.sg

Timbre+
Livemusik von lokalen Bands.
- 73A Ayer Rajah Crescent | JTC Launchpad
  Queenstown | Tel. 6252 2545
  www.timbreplus.sg

Upstairs@Harry's E5
Hier treffen sich die Europäer.
- 28 Boat Quay | Singapore River
  Tel. 6538 3029 | www.harrys.com.sg

ANGESAGTE NIGHTLIFE-SPOTS

- **Brewerkz** D4
  Hausbrauereien sind im Kommen und die Biere beliebt, auch wenn sie etwas teurer sind.
  30 Merchant Rd. | Riverside Point
  Singapore River | Tel. 6438 7438
  www.brewerkz.com
- **Cé la Vi** F5
  Angesagte Disco-Bar im Sands SkyPark (Tower 3). Der Blick von der 200 m hohen Terrasse auf die Stadt ist unschlagbar > S. 90.
  Marina Bay Sands | Marina Bay
  Tel. 6508 2188 | www.sg.celavi.com
- **Chijmes** E3
  Historischer Klosterkomplex, der eine Reihe attraktiver Restaurants und Bars beherbergt > S. 88.
- **Hard Rock Café** B2
  Allseits beliebter Evergreen.
  50 Cuscaden Rd. | Orchard Road District | Tel. 6235 5232
  www.hardrock.com
- **Tanjong Beach Club**
  Sehr relaxte Stimmung an einem feinen Sandstrand.
  120 Tanjong Beach Walk | Sentosa
  Tel. 6270 1355
  www.tanjongbeachclub.com
- **Zouk Club** D4
  Der legendäre Klub ist umgezogen – zählt aber noch immer zu den besten Techno- und House-Etablissements der Welt. > mehr S. 12 Punkt 6
  3C River Valley Rd. | #01–05
  The Cannery | Clarke Quay
  www.zoukclub.com

Rote Laternen sollen Glück bringen und sind vor allem an Chinese New Year als Dekoration begehrt

LAND & LEUTE

STECKBRIEF

- **Lage:** Zwischen 1°09' und 1°29' nördlicher Breite sowie 103°38' und 104°06' östlicher Länge vor dem Südzipfel der Malaiischen Halbinsel
- **Fläche:** 721 km², den größten Teil nimmt die Hauptinsel ein, die sich von Norden nach Süden über 23 km, von Westen nach Osten über 42 km erstreckt
- **Einwohnerzahl:** ca. 5,6 Mio.
- **Bevölkerungsdichte:** 7800 Einw./km² (zum Vergleich: Berlin 4000/km²)
- **Währung:** Singapur Dollar (S$) und Cent

- **Landesvorwahl:** 0065
- **Zeitzone:** In Singapur gilt Singapore Standard Time (STG) = MEZ + 7 Std., während der mitteleuropäischen Sommerzeit + 6 Std.

STAAT UND POLITIK

Mit der Selbstverwaltung 1959 übernahm Singapur ein parlamentarisches System nach britischem Vorbild. Als Staatsoberhaupt der Republik fungiert der Präsident, der seit 1993 für sechs Jahre vom Volk gewählt wird. Er ernennt in Absprache mit der Parlamentsmehrheit den Premierminister als Regierungschef sowie das Kabinett. Das Einkammerparlament, die Nationalversammlung, wird alle fünf Jahre gewählt und besteht aus 89 Abgeordneten, bis zu neun Nominated Members of Parliament (NMPs), die keiner Partei angehören dürfen, und bis zu neun Non-Constituency Members of Parliament (NCMPs), bei der Wahl unterlegenen Oppositionskandidaten.

Seit jeher bildet die PAP (People's Action Party) als absolute Mehrheitspartei die Regierung (derzeit 83 Sitze). Die WP (Worker's Party) ist die einzige im Parlament vertretene Oppositionspartei (6 Sitze). Von 1959 bis 1990 war Lee Kuan Yew Regierungschef. Er starb 2015.

In rasantem Tempo hat sich Singapur zum »Musterländle« Südostasiens gemausert. Diese enorme Leistung ist mit politischen Strukturen verbunden, die dem westlichen Verständnis von Demokratie und Mitbestimmung kaum entsprechen. Doch Vorsicht vor allzu schneller Verurteilung der Regierenden, ohne die kulturellen Hintergründe und verschiedenen asiatischen Mentalitäten in dem Vielvölkerstaat zu kennen. Insbesondere die Welt der

Chinesen erschließt sich westlichen Denkweisen nur sehr schwer. Nach wie vor werden von Seiten der Regierung Bemühungen, die innere Sicherheit, die soziale und politische Stabilität zu bewahren, übertrieben – so das Urteil vieler Kritiker. Zwar herrscht Pressefreiheit, doch die Verantwortlichen allzu kritischer Publikationen erfahren Repressalien. Das gilt auch für ausländische Zeitungen und Zeitschriften, deren Kritik stets als Einmischung in innere Angelegenheiten abqualifiziert wird. Der seit 2004 amtierende Premierminister Lee Hsien Loong ist der älteste Sohn des Staatsgründers Lee Kuan Yew und steht für eine weiterführende gesellschaftliche Liberalisierung in dem Stadtstaat.

WIRTSCHAFT

Kein Hinterland, keine Rohstoffe, keine landwirtschaftliche Nutzfläche, nicht einmal genug eigenes Wasser (das kommt per Pipeline aus Malaysia) – Singapur musste sich wirtschaftlich einiges einfallen lassen. Eine entscheidende Maßnahme war der Ausbau des Handelshafens zu einem der größten der Welt. Im hochmodernen, elektronisch gesteuerten Containerhafen werden Frachter rund um die Uhr be- und entladen, und Tanker aus Brunei, Malaysia, Indonesien und dem Nahen Osten lassen ihr Öl in der riesigen Raffinerie. Die Werften sind international führend, und an den separat angelegten Terminals machen auch regelmäßig Kreuzfahrtschiffe fest. Der perfekt durchorganisierte Changi Airport gehört zu den Hauptdrehscheiben im internationalen Flugverkehr, die Flugzeugflotte der staatlichen Singapore Airlines ist eine der modernsten der Welt. Die Spezialisierung auf hochwertige Technologien der Kommunikations- und Elektronikbranche bringt Gewinn und internationale Geldanlagen – nur das Riesenreich China verzeichnete in den letzten Jahren mehr ausländische Investitionen. Firmen aus aller Welt haben mittlerweile auch einen Sitz im Inselstaat. Die etwa 90 großen Banken haben im Devisenhandel den Konkurrenten Hongkong längst übertroffen. Und als Mitglied der 1967 gegründeten ASEAN (Association of South East Asian Nations) profitiert der kleine Staat von Zollvorteilen beim Handel untereinander.

Singapur ist dabei, sich zu einem Zentrum der Biotechnologie zu entwickeln. In der neu geschaffenen Biopolis betreiben in futuristischen Wissenschaftspalästen private und staatliche Institute, Biotech- und Pharmaunternehmen staatlich geförderte Grundlagenforschung.

Das Ergebnis der klugen Wirtschaftspolitik seit der Staatsgründung: Der Stadtstaat zählt in Asien zu den Ländern mit dem höchsten Lebensstandard, weltweit immerhin zum Kreis der 20 reichsten Staaten. Die globale Finanzkrise hatte von 2008 bis 2011 die Wachstumsraten leicht sinken lassen, inzwischen herrscht in Singapur jedoch Mangel an qualifizierten Arbeitskräften, weshalb ein neuer Beschäftigungspass den Aufenthalt ausländischer Arbeitnehmer erleichtern soll.

GESCHICHTE IM ÜBERBLICK

Bis zum 14. Jh. Chinesen sollen die Insel schon im 3. Jh. n. Chr. als »Pu-luo-chung« bezeichnet haben. 1330 nennt ein chinesischer Besucher die kleine Siedlung auf der Insel »Pancur«, 35 Jahre später taucht erstmals der Name »Temasek«, See-Stadt, in javanischen Erzählungen auf. Ende des 14. Jhs. schließlich setzt sich der Name »Singa Pura« durch.

14.–18. Jh. Zunächst Siam, dann Java (das Majapahit-Reich) bemächtigen sich der kleinen Insel. Singa Pura versinkt in Bedeutungslosigkeit. Die Portugiesen erobern Anfang des 16. Jhs. das Königreich Malakka, zu dieser Zeit ein wichtiges Zentrum für den Ost-West-Handel. Ende des 18. Jhs. eröffnen die Briten mit der »British East India Company« Handelsstationen in Penang und übernehmen Malakka von den inzwischen dort herrschenden Holländern.

1819 Stamford Raffles (Gouverneur von Bencoolen, Westsumatra) trifft in Singapur ein und eröffnet schon am nächsten Tag mit Hilfe des Sultans von Johor-Riau (der südlichsten Provinz Malaysias) eine Handelsstation für den Schiffsverkehr zwischen Indien und China.

1826 Die Handelsstationen Penang, Malakka und Singapur werden »Straits Settlements« genannt.

1867 Am 1. April wird Singapur offiziell britische Kronkolonie.

Ende des 19. Jhs Durch die Öffnung des Suezkanals legen immer mehr Schiffe in Singapur an, sodass der Handel blüht. John Ridley, Direktor des Botanischen Gartens in Singapur, ist mit der Züchtung des Gummibaums sehr erfolgreich. Die Malaiische Halbinsel und Singapur entwickeln sich zu den wichtigsten Kautschukproduzenten der Welt. In Europa erfindet John Dunlop 1888 den Gummireifen.

1923 Singapur wird mit Malaysia durch den Causeway verbunden.

1942 Am 15. Februar erobern die Japaner nach der Kapitulation der Briten die Insel.

1945–1948 Die Alliierten siegen über Japan. Ein Jahr später erhält Singapur erneut den Status einer Kronkolonie.

1959 England erklärt Singapur zum autonomen Staat.

1963 Die Föderation Malaysia wird zwischen Malaya, Sarawak, Nordborneo (heute Sabah) und Singapur geschlossen.

1965 Singapur verlässt die Föderation wieder und wird unabhängige Republik sowie Mitglied der UNO und des Commonwealth of Nations.

1970–1989 In den 1970er-Jahren gewinnt die PAP (People's Action Party) noch alle Sitze im Parlament, Anfang der 1980er-Jahre muss sich die Partei von Regierungschef Lee Kuan Yew jedoch an die ersten Oppositionsabgeordneten gewöhnen.

1990 Lee Kuan Yew tritt aus Altersgründen zurück. Sein Nachfolger ist Goh Chok Tong.

2002 Das Klonen menschlicher Embryonen zu bestimmten Forschungszwecken wird erlaubt.
2004 Lee Hsien Loong wird Regierungschef. Der dritte Premierminister Singapurs ist der älteste Sohn von Lee Kuan Yew.
2011 Bei den Parlamentswahlen im Mai fährt die regierende PAP (People's Action Party) mit 60 % das niedrigste Ergebnis seit Beginn der Unabhängigkeit ein, erstarkt aber 2016 mit einer Zustimmung von 70 % wieder.
2015 Das Land feiert den 50. Jahrestag seiner Unabhängigkeit.
2017 Die parteiunabhängige Halimah Yacob wird zur Staatspräsidentin von Singapur gewählt. Zum ersten Mal stellt eine zuvor festgelegte Volksgruppe alle Kandidaten, in diesem Fall die Malaien.
2019 200. Jahrestag der Ankunft von Stamford Raffles in Singapur.

NATUR & UMWELT

Die Oberfläche der Hauptinsel ist nur leicht hügelig, weite Teile liegen nicht mehr als 15 m über dem Meeresspiegel. Bukit Timah heißt die mit 165 m höchste Erhebung in der Mitte der Insel.

Granit- und andere harte Felsgesteine haben hier die noch recht ursprüngliche Landschaft geprägt. Im Westen und Südwesten dominieren felsige Sedimentgesteine, die stellenweise steile Erhebungen bilden, z. B. Mount Faber › S. 138. Die Küste ist flach, nur stellenweise steigen felsige Kliffs auf.

Singapur hat viele grüne Flecken wie den Japanese Garden in Jurong

NATUROASEN

- Auf dem historisch bedeutsamen **Fort Canning Hill** ist die Luft frisch, die Vegetation saftig grün und der Ausblick auf die City fantastisch > S. 83.
- In den großen und gepflegten **Botanic Gardens** mitten in der Stadt treibt ein Orchideengarten herrlich bunte Blüten > S. 99.
- Der **East Coast Park,** ein begrünter Küstenstreifen am Rand der Innenstadt, birgt attraktive Sportanlagen, endlose Spazierwege – und ausgezeichnete Fischrestaurants > S. 127.
- Im **Bukit Timah Nature Reserve** beweist Singapur auf 77 ha Mut zu wuchernder Wildnis – ein Wanderparadies und zugleich ein Refugium für viele tropische Tier- und Pflanzenarten > S. 135.
- Die abwechslungsreichste Fauna und Flora des Stadtstaats erschließt ein 9 km langer Wanderweg in den **Southern Ridges.** In die Baumwipfel entführt der 250 m lange Canopy Walk > S. 138.
- Der **Chinese Garden** und der **Japanese Garden,** zwei aneinandergrenzende Parks in Jurong, demonstrieren den bewundernswerten Perfektionismus asiatischer Gartenbaukunst > S. 139.
- Im **Jurong Bird Park fliegen** in der größten begehbaren Voliere der Welt Tausende Vögel scheinbar frei umher – und Sie sind mittendrin > S. 139.

Der ursprüngliche Küstenverlauf wurde von Menschenhand stark verändert: Man legte Häfen an, entwässerte Mangrovensümpfe und schüttete kräftig Land auf. In den letzten 20 Jahren vergrößerte sich die Inselfläche von 578 auf 721 km^2. Es gibt nur wenige kleine Wasserläufe, dafür umso mehr künstlich angelegte Kanäle, in denen die tropischen Regenmengen abfließen können. Der längste Fluss, der Sungei Seletar, ist 15 km lang > S. 90, Marina Barrage.

FLORA UND FAUNA

Kaum zu glauben, dass ursprünglich dichter tropischer Dschungel die Landmasse Singapurs überwucherte. Als Sir Stamford Raffles im Jahr 1819 erstmals an der Küste vor Anker ging, säumten undurchdringliche Mangrovenwälder das sumpfige Ufer. Heute herrscht nur in Schutzgebieten wie dem Bukit-Timah-Naturreservat > S. 135 noch die heimische Vegetation vor. Im hier verbliebenen tropischen Urwald wachsen Harthölzer bis zu 40 m hoch. Fast vollständig verschwunden sind die Mangrovenwälder. Dennoch: Singapur gilt nach Tampa im US-Bundesstaat Florida als grünste Stadt der Welt – zu diesem Ergebnis kam 2019 das Open-Source-Projekt Treepedia, das Großstädte danach bewertet, wie stark Baumkronen und Vegetation das Panorama prägen.

Trotz ungebremster Bautätigkeit droht Singapur nicht zur vegetationslosen Betonwüste zu veröden: Neben Naturschutzgebieten gibt es zahlreiche Parks und Grünanlagen wie den riesigen Botanischen Garten, der sich mit seinem artenreichen Baum- und Pflanzenbestand mitten im Häusermeer erstreckt. 80 % der Spezies, die hier wachsen, wurden eingeführt. Auch die in der Stadt üppig blühenden Bougainvilleen stammen aus Südamerika, ebenso wie der Gummibaum.

In den naturbelassenen Waldgebieten – knapp 10 % Singapurs stehen unter Naturschutz – haben die meisten heimischen Tierarten ihr Refugium gefunden. Unter den überwiegend kleineren Säugetieren sind Lemuren und Eichhörnchen verbreitet. Echsen trifft man häufiger an, aber auch Schlangen, viele Frosch- und Fledermausarten.

Ausgesprochen artenreich ist Singapurs Vogelwelt. Über 320 verschiedene Spezies sind registriert, bei vielen handelt es sich um Zugvögel, die während der Wintermonate aus den kalten Regionen der Nordhalbkugel Richtung Äquator flüchten. Chinesen haben eine Schwäche für in Käfigen gehaltene Singvögel, deren Stimmen regelrecht geschult werden › **S. 66**.

Unter den Haustieren erfreut sich »Singapura«, die angeblich kleinste Hauskatze der Welt, großer Beliebtheit. Löwen hat es auf der Insel nie gegeben, Tiger schon. Die wurden erbarmungslos gejagt, bis die letzte Riesenraubkatze erlegt war. Kein Jägerlatein: Der letzte frei umherlaufende Tiger wurde 1902 im Billard Room des Raffles Hotel erschossen › **S. 11**. Erst mit dem 1974 fertiggestellten Zoo › **S. 135** erhielten Tiger wieder eine Aufenthaltsgenehmigung – im ausbruchsicheren Gehege.

ORCHIDEEN

In Singapur werden farbenprächtige und seltene Orchideen gezüchtet und exportiert. Noch am Flughafen hat man Gelegenheit, in Kartons verpackte Blüten als Mitbringsel zu erwerben. Atemberaubend schöne Gärten, wie der **National Orchid Garden** in den Botanic Gardens › **S. 99**, sind für Besucher geöffnet. Viele Orchideen sind für Laien nur schwer als solche zu identifizieren, so unterschiedlich fallen die Formen und Farben aus. Einige suchen Aufmerksamkeit mit farbintensiven, fleischigen Blütenblättern, andere blühen farblos im Hintergrund. Viele krallen sich mit ihren Wurzeln regelrecht in Baumrinde. Typisch für alle Orchideenarten ist die sogenannte Lippe, das auffälligste unter den insgesamt sechs Blütenblättern. »Vanda Miss Joaquim«, die Nationalorchidee Singapurs, zeigt eine tiefviolette Lippe, während die anderen Blütenblätter blasslila gefärbt sind. Bei der Benennung neuer Kreuzungen haben ausländische Staatsgäste stets gute Chancen, Paten zu werden. Nach Prinzessin Diana und Margret Thatcher wurde diese Ehre im Juni 2011 auch der deutschen Bundeskanzlerin zuteil: »Dendrobium Angela Merkel« heißt die nach ihr benannte Art, die der Züchter als »zäh, widerstandsfähig und außerdem hübsch« beschreibt.

LUFTVERSCHMUTZUNG

Alle Jahre wieder wird der saubere Stadtstaat Singapur von *haze* heimgesucht, einer smogähnlichen Luftverunreinigung, die durch illegale Brandrodung in Indonesien und Malaysia verursacht wird. Liegen hohe Schadstoffkonzentrationen vor, können Reizungen der Augen und Atemwege auftreten. Entsprechende Informationen werden dann von den singapurischen Medien veröffentlicht oder sind auf der Website der Umweltbehörde abrufbar (www.haze.gov.sg).

DIE MENSCHEN & IHRE KULTUREN

»Many races, one nation, one Singapore« (»Viele Rassen, eine Nation, ein Singapur«) – dieser Slogan, kreiert zum 25-jährigen Bestehen des Staates im Jahre 1990, drückt den guten Willen aus, viele Völker zu einer Nation zu vereinen.

Keine leichte Aufgabe, denn auf der Insel leben verschiedenste Kulturkreise auf engstem Raum nebeneinander. Die überwiegende Mehrheit, nämlich 74 %, sind Chinesen, 13 % sind Malaien und 9 % Inder. Die restlichen 4 % umfassen alle möglichen ethnischen Gruppen, auch Europäer. Offizielle Sprachen sind neben Englisch Mandarin, Malaiisch und Tamil.

MALAIEN

Stolz bezeichnen sich die Südasiaten als Ureinwohner Singapurs. Seit jeher pendelten die Vorfahren zwischen dem Festland und der damals von Urwald bedeckten Insel. Als der Engländer Stamford Raffles 1819 eine erste Erkundungsfahrt auf dem Singapore River unternahm, traf er am Ufer lediglich auf ein kleines Dorf mit rund 150 Einwohnern. Das sollte sich schnell ändern. Denn den Lockrufen der bald prosperierenden Handelsmetropole folgten immer mehr Malaien vom Festland, viele kamen aus der von Holland kontrollierten Malakka-Region. Bereits im 12. Jh. hatten muslimische Händler aus Indien und Arabien auf der malaiischen Halbinsel ebenso wie auf den Inseln Indonesiens den islamischen Glauben verbreitet, wodurch die später nach Singapur übergesiedelten Balinesen, Javaner und Bugis (eine im Süden der indonesischen Insel Sulawesi lebende Volksgruppe) sich problemlos in die malaiische Gesellschaft einfügten. Der gesellschaftliche Einfluss des Islam ist in Singapur nach wie vor groß. Eheschließungen von Muslimen und Andersgläubigen sind bis heute die Ausnahme. Hochzeiten werden häufig noch nach alten Traditionen drei Tage lang als regelrechtes Kostümfest mit wertvollen Seiden- und Brokatroben zelebriert. Viel wichtiger als das Brautpaar ist die *mak andam*, die Ausrichterin des

Singapurs indische Einwohner kommen zumeist aus dem Süden des Subkontinents

kostspieligen und anstrengenden Spektakels. Sie besorgt die farbenprächtige Festkleidung, kümmert sich um das komplizierte Make-up und achtet auf den korrekten Ablauf der Rituale.

Malaien tragen in der Regel zwei Vornamen, der zweite ist der des Vaters. Manchmal steht ein »bin« oder »binte« dazwischen, was »Sohn von« oder »Tochter von« bedeutet.

Die meisten muslimischen Singapurerinnen verzichten heute auf das Kopftuch, doch gehören z. B. in den ethnischen Vierteln Geylang Serai › S. 123 und Kampong Glam › S. 118 Frauen mit dem *tudung* zum Straßenbild. Auch der traditionelle *sarung* wird noch gerne getragen: ein langer, um die Hüften gewickelter Rock. Malaien sind für ihre Herzlichkeit und Gastfreundschaft bekannt. Allerdings sollten ausländische Besucher vor allem ein Tabu achten: In der Öffentlichkeit gelten Berührungen zwischen Mann und Frau als unschicklich, selbst wenn es nur eine Begrüßungsgeste ist.

INDER

In den engen, staubigen Straßen von Little India › S. 112 ziehen die Frauen in ihren bunten, golddurchwirkten Saris alle Blicke auf sich. Andere tragen nach nordindischer Tradition den *punjabi:* Hose bis zu den Fesseln und darüber ein knielanges Hemd. Besonders auffällig ist der üppige Goldschmuck, der an Armen, Händen, Hals und Ohren zur Schau gestellt wird. Meist handelt es sich um traditionelle Hochzeitsgaben vonseiten des Ehemanns. Nur die Witwe legt jeglichen Schmuck ab.

Viele Ehen werden noch von den Eltern gestiftet. Am roten Farbpulverstrich im Mittelscheitel erkennt man die verheiratete Frau. Der rote Punkt auf der Stirn kann das Gleiche bedeuten, wird aber heute auch als Zierde von Ledigen getragen.

Familiennamen sind nicht üblich. In der Regel benutzen die Söhne den Namen des Vaters als Nachnamen, oder der Anfangsbuchstabe des väterlichen Namens wird dem eigenen vorangestellt. Frauen übernehmen bei der Heirat den Namen des Mannes.

Fast alles wird mit der rechten Hand verrichtet, ob essen, ein Geschenk überreichen oder Wechselgeld zurückgeben. Die als unrein geltende linke Hand dient der Körperhygiene. Streng sind die traditionellen Umgangsregeln mit dem anderen Geschlecht – bis hin zur körperlichen Distanz von mindestens einer Armlänge.

Bei der kolonialen Stadtplanung Singapurs war das Viertel Little India von Anfang an den indischen Zuwanderern vorbehalten. Die ersten kamen aus dem Süden des Subkontinents, vor allem aus Sri Lanka. Seit 1950 bremsen strengere Einwanderungsgesetze den zeitweise enormen Zustrom indischer Immigranten. Mit nach Singapur gebracht haben sie den Hinduismus, allerdings hat das für diese Religion charakteristische Kastenwesen im heutigen Singapur an Bedeutung verloren.

BIRD SINGING CONCERT

Mit »Bei dir piept's wohl« kann man einen Singapurer nicht beleidigen. Denn im Zweifelsfall ist der in vielen Wohnungen hängende Käfig mit dem als Haustier gehaltenen kleinen Singvogel gemeint. Stunden verbringen die Besitzer damit, ihrem Liebling das Singen beizubringen, zur Not auch mittels Audiokassetten. Denn die geschäftstüchtigen Singapurer wissen, dass ein sangeskräftiger Vogel einige Tausend Dollar wert ist. Die besonders Ehrgeizigen versammeln sich samt Vogel und Käfig jeden Samstag- und Sonntagmorgen von 9 bis 12 Uhr an der Ang Mo Kio Ave. 10 (Block 440 und 534, an einem kleinen, für Wohnsiedlungen sehr typischen Food Stall) sowie während der Woche auch im Kebun Baru Bird Singing Club (zwischen Ang Mo Kio Ave. 5, Block 159, und Ang Kio Town Garden West). Eine Alternative ist nahe Mount Faber das Bukit Purmei Ville (Block 112, Bukit Purmei Ave). Dass die Käfige dicht nebeneinander hängen ist Absicht. So lernen die Anfänger von den Fortgeschrittenen. Ganz dünnen Stimmchen helfen die Vogelhalter mit intonierten Pfiffen auch selbst auf die Sprünge. Zur Belohnung gibt's ein paar Heuschrecken oder einen Klecks Honig ins Futter. Natürlich können Sie dem Vogelkonzert beiwohnen, z. B. bei einer Tasse Kaffee. Und falls Sie jemand nach Ihrem Urteil fragt: Der Piepmatz muss verschiedene Tonhöhen mit kräftiger Stimme halten, eben singen können.

Auf Chinese New Year, das wichtigste Fest der Chinesen, wird das ganze Jahr hingefiebert

CHINESEN

Die erste Dschunke mit Chinesen erreichte Singapur bereits 1821. Und bald kamen sie in Scharen, vorwiegend aus den südlichen Provinzen. Doch es war kein homogenes Volk, das auf der Insel eine neue Heimat suchte. Hokkien, Teochew, Kantonesen oder Hakka nannten sich diese Einwanderer, je nachdem aus welchem Landesteil sie stammten und welchen Dialekt sie sprachen. Bis heute bilden Hokkien-Chinesen die mit Abstand größte Dialektgruppe. Alle beharrten lange Zeit auf ihren kulturellen Eigenheiten, ob in der Ausübung traditioneller Berufe und religiöser Rituale oder der Zubereitung von Speisen. Zunächst hatten sich nur Männer in die Fremde gewagt. Viele gingen damals Ehen mit Malaiinnen ein. Die Nachkommen aus diesen Verbindungen wurden Peranakan oder auch »Straits born Chinese« genannt, weil ihre Mütter aus den Straits Settlements kamen – so hießen die Siedlungen Malakka, Penang und Singapur. Sie waren die ersten Asiaten, die Englisch sprachen und westliche Sitten übernahmen. Ihre Kolonialtreue brachte ihnen die zynische Bezeichnung »King's Chinese« ein. *Nyonyas* (Frauen) und *Babas* (Männer) entwickelten zwangsläufig eine chinesisch-malaiische Zwitterkultur. »Innen Chinese, außen Malaie«, so beschrieb man in Singapur die Peranakan, die es als eigenständige Bevölkerungsgruppe heute nicht mehr gibt › **Seitenblick S. 29, 126.** Die häufig sehr wohlhabenden Peranakan-Familien haben in Singapur z. B. am Emerald

Hill › S. 94 stattliche Wohnhäuser hinterlassen, für die der chinesisch geprägte Baustil ebenso charakteristisch ist wie die zur Verzierung der Fassade verwendeten farbigen Kacheln.

Die **Peranakan Association of Singapore** unterhält eine informative Website, auf der sie über die Geschichte und Kultur der Peranakan informiert (www.peranakan.org.sg).

Ermutigt von den britischen Kolonialbehörden immigrierten ab Mitte des 19. Jhs. mehr und mehr Chinesinnen. 1867 waren bereits 65 % der Inselbevölkerung chinesisch. Um Auseinandersetzungen oder gar Rassenkonflikte zwischen den verschiedenen Bevölkerungsgruppen von Anfang an zu vermeiden, hatte Stamford Raffles auch für die Chinesen ein eigenes Viertel vorgesehen: Chinatown › S. 102 am Südufer des Singapore River.

Die chinesische Bevölkerungsgruppe im modernen Singapur sieht sich als Leistungsträger der Nation – man zeigt gerne, was man hat und wer man ist. Dem anspruchsvollen Nachwuchs ist das Beste gerade gut genug. Ob Ausbildung, Kleidung, elektronisches Equipment, Auto oder Wohnung – je westlicher, desto besser. Das gilt selbst für die Rufnamen. So nennt sich der gebürtige Lee Yock Suan heutzutage lieber Paul Lee.

Echt chinesisch ist dagegen immer noch Wayang, bei Ausländern besser bekannt als **Chinesische Oper** – aufgeführt auf einfachen Bühnen an allen möglichen Ecken Singapurs. Westlich geprägter Musikgeschmack tut sich schwer mit den von schrillen Zimbelklängen beherrschten Rhythmen. Fas-

FENG-SHUI

Chinesen betrachten Feng-Shui (»Wind und Wasser«) als eine Art Naturwissenschaft, die auf der daoistischen Lehre von Yin und Yang basiert, aber auch den Einfluss von Geistern und Dämonen akzeptiert. In der Praxis bedeutet das, wichtige Lebenssituationen wie Heirat, Geburt, Hausbau und Beerdigung nach bestimmten Regeln in Harmonie mit der Natur zu gestalten, womit schlechte Einflüsse und böse Geister ausgeschaltet sind. Deshalb legen Chinesen den Eingang ihres Hauses so, dass er sich nicht gegenüber einer Straßeneinmündung öffnet, hätte doch sonst Unheil freie Bahn ins Heim. Ein an der Fassade angebrachter Spiegel tut ein Übriges: Er hält böse Geister fern. Selbst moderne Hotelbauten und Bürohäuser unterliegen den Gesetzen des Feng-Shui.

Wer auf Nummer Sicher gehen will, wendet sich an einen Fachmann der Geomantik. Ein Star der Branche ist der hoch bezahlte Master Tan. Er weiß auch den richtigen Namen für den Nachwuchs und berechnet Schicksale nach dem chinesischen Horoskop. Im Ausstellungsraum seines Büros im Fu Lu Shou Complex können Sie sich über seine Arbeit und Feng-Shui allgemein informieren › S. 52, www.wayfengshui.com.

Bei der Chinesischen Oper sagt die Gesichtsbemalung viel über den Charakter aus

zinierender sind da schon die Darsteller mit ihren farbenfrohen Kostümen und den maskenhaft geschminkten Gesichtern, die Aufschluss geben über Alter, Status und Gesinnung der jeweiligen Bühnenfigur. Bis heute basieren die einfachen Handlungen auf überlieferten Legenden, Mythen und Geschichten aus der altchinesischen Dichtung. Der **Chinese Theatre Circle** › S. 111 hält eine Vielzahl interessanter Hintergrundinformationen bereit.

Die Mehrheit der Chinesen – und damit die meisten Singapurer – bekennt sich zum Buddhismus, Konfuzianismus oder Daoismus bzw. praktiziert von allem ein wenig. Chinesische Tempel sind ein Sammelsurium von Heiligen, die je nach Anliegen verehrt und angebetet werden. Vorrangiges Ziel der Buddhisten ist das Nirwana, die vollkommene Freiheit von allen menschlichen Begierden. Dahin gelangt nur, wer den Kreislauf der Wiedergeburten erfolgreich, das heißt mit möglichst vielen guten Taten, hinter sich gebracht hat. Jeder hat sein Schicksal selbst in der Hand, denn die Qualität der neuen Existenzform nach der Wiedergeburt hängt ab von der Lebensführung zuvor. Die Philosophie des Konfuzianismus legt noch mehr Wert auf eine moralisch gefestigte Haltung, die selbstlos dem Staat Vorrang vor dem Individuum gibt. Der Daoismus lehrt, dass sich die gegensätzlichen Prinzipien Yin und Yang ergänzen. Im Gleichgewicht zwischen diesen beiden Polen soll das Leben verlaufen, in Harmonie und Bescheidenheit, mit Meditation und maßvoller Ernährung.

Das Dach der Theatres on the Bay erinnert an die stachelige Schale einer Durian

DAS MODERNE SINGAPUR

Dass all die verschiedenen Völker und Kulturen als ein Staat funktionieren, ist sicherlich auch Folge des autoritären Regierungsstils, der unzählige Vorschriften erlässt und sich mit Empfehlungen bis ins Privatleben der Bürger einmischt. Etwa indem das Gesundheitsministerium im Rahmen einer öffentlichen Kampagne junge Ehepaare aus der Bildungselite ermunterte, die Geburtenrate zu erhöhen und damit für echte Wunschkinder der Nation zu sorgen. Trotzdem sank die Geburtenrate drastisch – auch in Singapur ist es nach wie vor schwierig, Beruf und Familie unter einen Hut zu bekommen.

BEI STRAFE VERBOTEN

Für ungebührliches Verhalten wird man in Singapur schnell zur Kasse gebeten – was zur Folge hat, dass sich fast jeder ordentlich benimmt. Wer auf die Straße spuckt oder den Zigarettenrest auf den Gehweg wirft, wird mit 300 S$ bestraft, Rauchen an Bushaltestellen, in den Eingangsbereichen öffentlicher Gebäude oder an Stränden und in Parkanlagen kostet bis 750 S$, das Füttern von Vögeln 500 S$. Sollten Sie bei einer Ordnungswidrigkeit erwischt werden: Strafen sind immer (!) per Überweisung zu zahlen, nie in bar!

Aufmüpfig reagieren die Singapurer nur selten auf die Gängelei von oben, und wenn, dann hinter vorgehaltener Hand. Grundsätzlich ist man einverstanden mit dem, was die Staatsführung für richtig hält – solange der Wohlstand gesichert scheint. Denn das Streben nach materiellen Vorteilen, nach Erfolg, ist fest in fernöstlichen Philosophien verankert. Die weltweite Finanzkrise 2008/09 brachte auch in Singapur die wirtschaftliche Stabilität leicht ins Wanken. Aber das ist längst überwunden.

Himmelwärts strebende Hochhäuser aus Stahlbeton, Glas und Chrom haben beinahe die gesamte alte Bausubstanz ersetzt. Die ehrgeizige Devise der Singapurer lautet: höher, größer, prachtvoller. Dort, wo zwecks touristischer Werbewirksamkeit exotisches Ambiente erhalten bleiben soll, wurden Straßenzüge mit auf alt getrimmten Shop Houses einfach nachgebaut. Die beengten Reihenhäuser dienten ursprünglich oben als Wohnraum für die Großfamilie, unten waren Läden oder Werkstätten untergebracht. Was von historischer Bausubstanz ist, gilt als Sehenswürdigkeit. Allen voran frühe chinesische Tempel sowie koloniale Architektur, wie sie typisch ist für die tropischen Regionen des damaligen Empire.

FESTE & VERANSTALTUNGEN

Laut singapurischer Fremdenverkehrswerbung gibt es nirgendwo auf der Welt das ganze Jahr über so viele Feste und Festivals wie im Stadtstaat. Eine Behauptung, die nur schwer zu widerlegen ist, denn irgendwer feiert tatsächlich immer im Vielvölkerstaat.

FESTKALENDER

Januar/Februar: Das **Chinesische Neujahr** *(Lunar New Year)* ist Anlass für eine Reihe von Festlichkeiten, die sich über 15 Tage erstrecken. Faszinierend sind die Löwen- und Drachentänze sowie die Chingay-Parade mit kostümierten Musikern, Tänzern und Akrobaten. Die ersten zwei Tage sind gesetzliche Feiertage. Viele Straßen und Plätze sind wochenlang mit bunten Lichtern, Lampions und Pappmascheefiguren geschmückt. Ein anderes chinesisches Tierkreiszeichen nimmt von nun an Einfluss auf das begonnene Schicksalsjahr.

Thaipusam wird von den Hindus zu einer bestimmten Zeit des Vollmonds als Bußtag begangen. Makabrer Höhepunkt ist am Nachmittag die Prozession der Bußwilligen, die sich selbst kasteien, indem sie ihre Haut mit Haken und Metallspitzen durchbohren und in tranceähnlichem Zustand den 3 km langen Weg vom Sri Srinivasa Perumal Temple in der Serangoon Road bis zum Chettiars' Temple in der Tank Road zurücklegen.

Februar/März: Der Geburtstag des Affengottes *(Birthday of the Monkey God)* wird von den Chinesen gleich zweimal im Jahr gefeiert (das zweite Mal im **September/Oktober**). In den Tempeln achten dann die Gläubigen auf die Orakelsprüche von Medien, die in Trance den tapferen Affengott verkörpern und sich eigenhändig blutende Verletzungen zufügen.

März/April: Anlässlich des **Qing Ming Festival** gedenkt man der Toten. Chinesen schmücken die Gräber ihrer Angehörigen, bringen Speisen und andere Opfergaben.

Mai: Der **Vesak Day** ist den Buddhisten heilig. Mit inbrünstigen Gebeten und Opfergaben gedenken sie in den Tempeln (z. B. im Temple of 1000 Lights > **S. 117**) der Geburt, der Erleuchtung und des Todes Buddhas. Den ganzen Tag über werden immer wieder Vögel aus ihren Käfigen freigelassen, eine symbolische Geste, mit der die Buddhisten gutes Karma zu erwerben hoffen. Eindrucksvolle Lichterprozessionen beenden das Fest.

Juni: Im Zentrum des **Dragon Boat Festival** stehen spannende Bootsrennen in der Marina Bay mit Teilnehmern aus aller Welt. Die Veranstaltung ist dem chinesischen Dichter und Staatsmann Qu Yuan gewidmet, der sich vor zweieinhalbtausend Jahren aus Protest gegen Korruption und Ungerechtigkeit ins Wasser stürzte. Laut Überlieferung wollten Fischer den Ertrinkenden retten, konnten aber nur noch mit lautem Getrommel Fische davon abhalten, den Toten zu verschlingen.

Juli: Singapore Food Festival nennt sich der Schlemmermonat, in dem allerorten noch mehr Leckereien angeboten werden als ohnehin schon üblich. Die Küchenchefs vieler Restaurants entwickeln in dieser Zeit einen besonderen Ehrgeiz, neue Gerichte auszuprobieren.

August/September: Das **Festival of the Hungry Ghosts** ist das Fest der hungrigen Geister verstorbener Chinesen. Überall in der Stadt liegen Speisen für die Toten aus. Derweil erfreuen sich die Lebenden an Chinesischen Opern, die in Chinatown und vielen Wohnsiedlungen bis zu zweimal täglich aufgeführt werden.

National Day feiert am 9. August den Jahrestag der Unabhängigkeit mit einer großen Parade auf dem Padang > **S. 80** oder im Nationalstadion. Hinein kommt man nur mit einer der heiß begehrten Eintrittskarten. Am Abend feiert das Volk mit Lasershow und Feuerwerk.

Ramadan, der Fastenmonat der Muslime bietet gute Gelegenheiten, malaiische Delikatessen zu kosten. Rund um die Sultan Mosque > **S. 121** warten dann Imbissstände auf den Sonnenuntergang und die hungrigen Gläubigen, die den ganzen Tag gefastet haben und erst abends Nahrung zu sich nehmen dürfen. Beendet wird der Ramadan mit einem großen Festtag, dem **Hari Raya Puasa,** an dem sich Freunde und Familien zu üppigen Mahlzeiten treffen.

September/Oktober: Das **Mooncake Festival** erinnert mit farbenprächtigen Laternenumzügen an den Sieg der Chinesen über die Mongolen dank des legendären Rebellen Zhu Yuan Zhang, der vor etwa 600 Jahren die verhassten Besetzer mit in kleinen Kuchen versteckten Geheimbotschaften überlistete. Derlei runde Mondkuchen werden noch heute als Festtagsspeise verzehrt.

Rund um die **Singapore Grand Prix Season (Formel-1-Nachtrennen)** finden viele hochkarätige Veranstaltungen statt (www.singaporegp.sg).

Thimithi ist ein Fest der Hindus. Zu Ehren der Göttin Draupadai laufen in Trance versetzte Männer im Sri Mariamman Temple > **S. 104** barfuß über glühende Asche – ohne sich zu verbrennen, von zahlreichen Zuschauern bestaunt. Um das spektakuläre Ritual aus der Nähe beobachten zu können, sollte man sich schon früh einen Platz in den vorderen Reihen sichern.

Navarathiri bedeutet in der Sprache der Tamilen »neun Nächte«. So lange dauert das Fest zu Ehren der Göttinnen-Dreifaltigkeit »Devi« im Oktober. Gelegenheit, klassischer indischer Musik und traditionellen Tänzen beizuwohnen, z. B. abends im Chettiars' Temple (Tank Road).

Die **Pilgrimage to Kusu Island** ist eine Bootswallfahrt, die chinesische Daoisten im 9. Mondmonat zum Da Bo Gong Temple auf der Insel Kusu > **S. 140** unternehmen. Der Legende nach verwandelte sich einst eine Riesenschildkröte in die Insel, als letzte Rettung für Schiffbrüchige.

Oktober/November: Deepavali, auch **Festival of Lights** genannt, feiert den Sieg des Lichts über die Dunkelheit bzw. des Guten über das Böse. Bei dem fröhlichen Fest der Hindus ist Little India > **S. 112** mit bunten Girlanden dekoriert und abends großzügig illuminiert. Deepavali bezeichnet für die Inder gleichzeitig den Beginn eines neuen Jahres.

Das **Festival of the Nine Emperor Gods** ehrt neun Tage lang die Kaisergötter, denen man nachsagt, dass sie Krankheiten heilen und ein langes Leben bescheren. Das Fest wird mit farbenprächtigen Prozessionen und Chinesischen Opern begangen. Das Zentrum dieser Festlichkeiten ist der Kiu Ong Yiah Temple auf der Upper Serangoon Road.

Hari Raya Haji, das Opferfest, ist der Tag, den der gläubige Muslim mit Gebet verbringt und an dem er all jener gedenkt, die sich auf der Pilgerfahrt nach Mekka befinden. Nahe der Sultan Mosque werden am späten Nachmittag Tiere geschlachtet und das Fleisch anschließend an Bedürftige verteilt.

November bis Januar: Das **Christmas Light-Up** erhellt die Stadt, insbesondere die Orchard Road, wochenlang mit weihnachtlicher Festbeleuchtung. Hotels und Shoppingcenter legen sich beim Wettbewerb um das am schönsten geschmückte Gebäude mächtig ins Zeug. Obwohl sich nur wenige zum Christentum bekennen, sind die Singapurer verrückt nach Weihnachten und Weihnachtsgeschenken.

Sportteams aus aller Welt geben ihr Bestes beim Dragon Boat Festival

Der Chinesische Garten beeindruckt durch seine Ruhe, zu der auch die stillen Wasserflächen beitragen

TOUREN & SEHENSWERTES

SINGAPORE RIVER UND MARINA BAY

Singapurs Wahrzeichen ist ein Hotel, das Marina Bay Sands mit seinem spektakulären SkyPark

Liebevoll restaurierte kolonialzeitliche Baudenkmäler zwischen modernen Bürotürmen aus Glas und Stahl im City Centre, eine Fahrt im Bumboat auf dem Singapore River und futuristische Neubauten an der Marina Bay.

Im **historischen Zentrum** prallen heute architektonische Gegensätze aufeinander: Während sich am Nordufer, um das kurz geschorene Rasenfeld des Padang, Prachtbauten im Kolonialstil breitmachen, strebt jenseits des Flusses der Central Business District (CBD), das Geschäftszentrum, mit hypermodernen Wolkenkratzern in die Höhe. Das Viertel bewahrt viele Baudenkmäler des 19. Jhs. als eindrucksvolle Symbole des Wohlstands in der einstigen britischen Handelsniederlassung. Hier wandeln Sie wahrhaftig auf den Spuren des Singapur-Begründers Sir Stamford Raffles, der heute in Gestalt von Statuen oder als Namensgeber für Orte und Bauten omnipräsent scheint. Am Weg informieren eine Reihe interessanter Museen über die abenteuerliche Geschichte des Stadtstaates und seine multikulturelle Vielfalt. Und eine nostalgische Bootsfahrt mit dem Bumboat auf dem Singapore River › Seitenblick S. 79 führt zurück in die Zeit, als es am Ufer nur so wimmelte von chinesischen Kaufleuten und ihren Waren. Scheuen Sie nicht den Aufstieg zum Fort Canning Hill. Sie werden mit tollen Ausblicken belohnt. Wieder unten, am Fuß der innerstädtischen Erhebung, bieten in Abständen klimatisierte Shoppingcenter, schattige Arkaden und Passagen, Cafés und Restaurants Erholung von Verkehrslärm und tropischer Schwüle.

An der **Marina Bay,** wo der Singapore River behäbig ins Meer mündet, wurde ein ehrgeiziges Stadtplanungsprojekt bravourös gemeistert. Ein völlig neuer Stadtteil ist hier gewachsen, auf Boden, der durch umfangreiche Landgewinnungsmaßnahmen bereits während der 1970er-Jahre dem Meer abgerungen wurde. Wenn alles fertig ist, werden sich auf 360 ha Arbeit, Freizeit und exklusives Wohnen ergänzen: futuristisch anmutende Architektur auf höchstem Niveau. Zwischen extravaganten Büro- und Apartmenthäusern locken tropische Gärten, Freilichttheater, Erlebniswelten, viel Gastronomie und ein Hotelkomplex der Superlative. Während sich im Westen und Norden längst Kultur-, Restaurant- und Einkaufszentren etabliert haben, zieht jetzt der imposante Marina-Bay-Sands-Komplex mit den angrenzenden Gärten alle Aufmerksamkeit auf sich. Der grandiose Bau mit seinen drei 55 Stockwerke hohen Türmen ist nach wie vor das architektonische Aushängeschild der Stadt. Auch die ›schiefe‹ Wohnanlage Reflections at Keppel Bay und die Apartments The Interlace haben gute Aussichten darauf, *landmark buildings* zu werden.

TOUREN IM ZENTRUM

TOUR 1

AUF RAFFLES SPUREN

VERLAUF: Raffles Place > Merlion Park > Empress Place Building > Padang > National Gallery > St. Andrew's Cathedral > Coleman Street > Fort Canning Hill > National Museum of Singapore > Peranakan Museum > Raffles City > Raffles Hotel

KARTE: Seite 80
DAUER: ca. 7 Std. zu Fuß, inklusive Besichtigungen
PRAKTISCHE HINWEISE:

- Anfahrt bis MRT Raffles Place, zurück ab MRT City Hall.
- Gehen Sie in kühlerer Morgenluft möglichst früh los und legen über Mittag eine Pause im Schatten ein.
- Für den Fußmarsch hinauf zum Fort Canning Hill ausreichend Trinkflüssigkeit mitnehmen!

TOUR-START:
RAFFLES PLACE 1 E5

Als grüne Oase zwängt sich die Rasenfläche zwischen Schatten spendende Hochhäuser im Central Business District am Südufer des Singapore River. Drei der vier höchsten Gebäude des Stadtstaates stehen am Raffles Place: **Republic Plaza, OUB Centre (One Raffles Place** › S. 88) und **UOB Plaza One,** alle 280 m hoch. Darunter hat sich der gleichnamige, stark frequentierte Umsteigebahnhof der MRT voluminös eingegraben.

Flussabwärts gehend gelangt man zur **Cavenagh Bridge.** › mehr S. 15 Punkt 24 Rechts von der 1869 fertiggestellten eisernen Hängebrücke macht ein wuchtiger, lang gestreckter Steinbau kolonialen Eindruck: Das **Fullerton Building,** 1928 als Hauptpostamt errichtet, beherbergt heute das 5-Sterne-Hotel The Fullerton › S. 31. An seine Bedeutung in vergangenen Tagen erinnert im Parterre die öffentliche Fullerton Heritage Gallery mit Fotos und anderen Dokumenten.

MERLION PARK 2 ★1 E4

An der Westseite der Marina Bay, wo die Wasser speiende **Merlion-Statue** die Mündung des Singapore River markiert, hat sich eine Reihe guter Terrassenrestaurants etabliert mit Blick aufs Wasser, die Esplanade und das Marina Bay Sands Hotel mit seinem spektakulären Rooftoppool › S. 30, 55, 89. › mehr S. 18 Punkt 37 Die hiesige Anlegestelle der Bumboats › Seitenblick S. 79 ist bei Touristen sehr beliebt, nicht zuletzt deswegen, weil man von Chinatown › S. 102 zu Fuß bequem hierher gelangt. Eine Cocktail-Pause kann man ein paar Meter weiter im Fullerton Bay Hotel in der Lantern Bar auf dem Rooftop › S. 54 einlegen (an der Rezeption melden, So–Do 10–1, Fr, Sa 10–2 Uhr).

EMPRESS PLACE BUILDING 3 E4

Jenseits der Cavenagh Bridge über den Singapore River erhebt sich unübersehbar der palastartige, zwischen 1864 und 1920 errichtete Steinbau. Ursprünglich beherbergte er das Gericht, heute das **Asian Civilisations Museum** mit Ausstellungen zu den unterschiedlichen asiatischen Kulturen, die Singapurs multiethnische Gesellschaft geprägt haben. Wo vor dem Haupteingang vier große Metallkugeln glänzen, wurde 2015 zum 50. Jahrestag der Unabhängigkeit Singapurs eine Zeitkapsel mit 88 Objekten vergraben, die für den Fortschritt der Nation stehen (1 Empress Pl., tgl. 10–19, Fr bis 21 Uhr, 8 S$, www.acm.org.sg).

SHOPPING

Der **Museumsshop** bietet hübsche Souvenirs und informative Bücher über Singapurs Geschichte.

KOLONIALBAUTEN UND RAFFLES-STATUEN

Wenige Meter vom Flussufer entfernt ragt ein weißer **Obelisk** auf, von den Kolonialherren 1850 zu Ehren des indischen Gouverneurs Dalhousie errichtet. Von hier aus erblickt man schon den »schwarzen Mann« aus Bronze: Die Statue von Sir Stamford Raffles wurde 1887 feierlich enthüllt. Bei der klassizistischen Kulisse dahinter handelt es sich um die **Victoria Theatre & Concert Hall** 4 E4, Heimat des Singapore Symphony Orchestra. Links an der Konzerthalle vorbei laufen Sie direkt auf **The Arts House** 5 E4 zu. Das ehemalige Parlament wird heute vorwiegend für literarische Events genutzt. Architekt war George Coleman, auf dessen Bauten man immer wieder stößt. Wenn man Richtung Flussufer blickt, steht dort wieder eine Statue von Sir Stamford Raffles,

BUMBOAT-TOUR AUF DEM SINGAPORE RIVER

Am Clarke Quay, Boat Quay und Fullerton Hotel, am One Fullerton/Merlion Park und auch an Esplanade Jetty und Marina Bay Sands (Bayfront South Jetty) starten die mittlerweile elektrischen Bumboats zu interessanten, ca. 40-minütigen Touren auf dem Singapore River (tgl. 9–23 Uhr, Abfahrt alle 15 Min., www.rivercruise.com.sg, 25 S$). Erst geht es flussaufwärts unter den niedrigen Brücken am Clarke Quay hindurch bis zur Robertson Bridge (Robertson Quay). Ein Stück weiter, hinter der Read Bridge (am Riverside Point), macht das Boot kehrt und fährt zurück bis zur Mündung des Flusses, wo das Wahrzeichen Singapurs in die Kameras der Touristen starrt: der weiße Merlion. Die Erläuterungen vom Band liefern Einblicke in die Historie des Handelsplatzes. Die Passagiere erfahren, dass die traditionellen hölzernen Bumboats einst die Waren zwischen den im Hafen ankernden Schiffen und den Lagerhäusern entlang des Flusses transportierten. Und dass der Fluss heute geradezu sauber ist im Vergleich zur ehemals übel riechenden Kloake.

diesmal strahlend weiß. Sie markiert **Raffles Landing Site,** die Stelle, wo der koloniale Tausendsassa am 29. Januar 1819 erstmals singapurischen Boden betreten haben soll. Oder Sie genießen vom Ufer aus den Blick auf die herrlich bunten Fassaden des Ende der 1980er-Jahre restaurierten **Boat Quay** am gegenüberliegenden Flussufer mit seinen vielen Restaurants und Kneipen › S. 44, 54, die bis spät in die Nacht voller Leben sind.

PADANG 6 E4

Rechts vom Arts House thront auf einem Steinpodest ein schwarzer **Miniaturelefant.** Die hübsche Bronzestatue war ein Gastgeschenk des Königs von Siam bei seinem Singapur-Besuch 1871. Schräg gegenüber erstreckt sich der Padang – das malaiische Wort bedeutet »Feld«. Schon während der Kolonialzeit wurde die weite grüne Rasenfläche für Sport, Spiel und Militärübungen genutzt. Hier ist Platz

für Massenveranstaltungen wie die alljährliche Feier zur Unabhängigkeit des Stadtstaates. Schauen Sie sich das gediegene Klubhaus des **Singapore Cricket Club** aus der Nähe an. Das Paradebeispiel für koloniale Architektur in den Tropen beherbergt seit 1852 den bis heute aktiven, elitären Klub. Gerade noch in Sichtweite, am Nordende des Padang, trifft sich Singapurs feine Gesellschaft zu Sport und Spiel im Recreation Club.

NATIONAL GALLERY 7 E4

An der **St. Andrew's Road** reihen sich prachtvolle Baudenkmäler aneinander. Der ehemalige Supreme Court und die benachbarte frühere City Hall wurden entkernt, miteinander verbunden und zur großzügigen National Gallery umgestaltet. Zwei ständige Ausstellungen zeigen Kunst in Singapur seit dem 19. Jh. (DBS Singapore Gallery) sowie um die 400 Kunstwerke aus dem übrigen südostasiatischen

TOUREN IM ZENTRUM

TOUR 1

AUF RAFFLES SPUREN

1 Raffles Place
2 Merlion Park
3 Empress Place Building
4 Victoria Theatre & Concert Hall
5 The Arts House
6 Padang
7 National Gallery
8 St. Andrew's Cathedral
9 Armenian Church St. Gregory
10 Fort Canning Park
11 Battle Box
12 Archaeological Dig
13 Keramat Iskandar Shah
14 Spice Garden
15 National Museum of Singapore
16 Peranakan Museum
17 Singapore Art Museum
18 Raffles City
19 Raffles Hotel

TOUR 2

MARINA BAY

20 Suntec City Mall
21 Fountain of Wealth
22 Marina Square
23 Esplanade Park
24 Singapore Flyer
25 Marina Bay Sands
26 Gardens by the Bay

Kleinod inmitten von Hochhausgiganten – die St. Andrew's Cathedral

Raum (UOB Southeast Asia Gallery). Wechselausstellungen ergänzen die ebenso anspruchsvolle wie umfangreiche Sammlung (1 St. Andrews Rd., MRT City Hall, Sa–Do 10–19, Fr 10–21 Uhr, 20 S$, tgl. Führungen in englischer Sprache, www.nationalgallery.sg).

Steigen Sie dem Gebäudekomplex unbedingt auf das Dach: Der Ausblick über den Padang bis zur Marina Bay ist toll, das gastronomische Angebot einladend. Wer hier oben etwas essen oder trinken will, nimmt Platz in der Aura Sky Lounge (tgl. 11.30–1 Uhr) oder der Rooftopbar Smoke & Mirrors (Mo–Do 15–1, Fr 15–2, Sa, So 12–1 Uhr), beide im 6. Stock. Feinschmecker bleiben auf dem Boden und besuchen das in pudrigen Tönen gestylte Restaurant Odette €€ mit französischer Küche (Tel. 6385 0498, Mo 19–21.30, Di–Sa 12–14, 19–21.30 Uhr).

ST. ANDREW'S CATHEDRAL 8 E4

Recht bescheiden ist nebenan das strahlend weiße Gotteshaus von 1863. Auch im Innern ist Singapurs größte Kirche eher schlicht gehalten: weiß getünchte Wände, dunkle Holzbänke und ein paar farbige Bleiglasfenster hinter dem Altar.

COLEMAN STREET

Die Coleman Street führt Sie dann geradewegs ins Konsumparadies. Rechts das Einkaufszentrum **Peninsula Plaza,** links der 2019 völlig neu gestaltete **Funan-Komplex** – für Elektronik-Freaks ein Muss › S. 49. Im **Peninsula Shopping Centre** dahinter kann man sich angesichts der bevorstehenden schweißtreibenden Hügelbesteigung mit Getränken versorgen. Doch zuvor, nach Überqueren der mehrspurigen Hill Street, können Sie Kraft tanken in der schattigen Kühle der kleinen apostolischen **Armenian Church St. Gregory** 9 E4 von 1837 – der ältesten existierenden in ganz Singapur. Da die armenische Gemeinde nur noch wenige Mitglieder hat, sind Gottesdienste in dem schlichten Sakralbau mit von Coleman konstruiertem Dach selten.

FORT CANNING HILL ★

Die Coleman Street steigt nun leicht an und geht in den steileren Canning Rise über, zum Fort Canning Hill, vorbei am Standesamt. Gehen Sie durch das gotisch anmutende Steintor und über den alten Friedhof hinauf zum schön angelegten **Fort Canning Park** 10 D3, ein populärer Schauplatz für Festivals, Konzerte und private Venues unter freiem Himmel. Die Ausblicke ganz oben sind umwerfend und die frische Brise vom Meer erfrischt in der tropischen Schwüle.

Bestens ausgeschildert ist der Fußweg zur **Battle Box** 11 D4. Die unterirdische Anlage mit 26 Räumen wurde während des Zweiten Weltkriegs von Engländern gebaut und diente hohen Militärs als geheimer Treffpunkt für Lagebesprechungen. Auch wer sich für die Kriegsereignisse nicht interessiert, wird von der fantasievollen Animation fasziniert sein (2 Cox Terrace, nur im Rahmen von 75-minütigen Führungen, tgl. 9.30–17.30 Uhr, 20 S$, www.battlebox.com.sg).

CHETTIARS' TEMPLE

Der bedeutendste Hindutempel Singapurs trägt eigentlich den Namen Sri Thandayuthapani. Der Volksmund benennt ihn aber nach der begüterten Chettiar-Gemeinde, die den prächtigen Bau westlich des Fort Canning Hill 1984 stiftete. Zahllose bunte Götterfiguren bevölkern den 23 m hohen Torturm, eindrucksvoll ist auch die von 48 Glasfenstern durchbrochene Dachkonstruktion. Bei Hindufesten, insbesondere während des Thaipusam › S. 71, füllen Massen das weitläufige Innere des Tempels (15 Tank Rd., MRT Dhoby Ghaut, tgl. 8–12, 17.30 bis 20.30 Uhr, www.sttemple.com).

Inmitten des Parks können Sie die klobigen, wenn auch nur spärlichen Überreste des alten **Fort Canning** nicht übersehen. Die Befestigungsanlage wurde zwischen 1859 und 1861 von den Briten gebaut; ihr musste die Hügelkuppe weichen. 1926 gab man die dicken Mauern zum Abriss frei.

Vorbei am steinernen Tor gelangen Sie auf den Rundweg, der das **Fort Canning Service Reservoir,** den erhöht gelegenen Wasserspeicher der Stadt, umkreist. Hier können Sie im Schatten großer alter Feigenbäume wunderbare Ruhe genießen, unterbrochen nur vom Zirpen der Zikaden. Auf dem Spaziergang bieten sich immer wieder hübsche Blicke auf die Stadt. Am Wegesrand stehen Erläuterungstafeln. Eine davon markiert **Raffles Terrace,** die Stelle, an der der Namensgeber 1823 sein Haus errichten ließ. Überreste sind nicht mehr zu sehen. Selbst der Leuchtturm nebenan ist nur der Nachbau einer Anlage aus dem Jahre 1903.

Nun führt der Weg den Hügel wieder hinab, vorbei am aktiven **Archaeological Dig** 12 D4, einer Ausgrabungsstätte, die Edelmetalle, Glas- und Keramikfragmente aus der Zeit vor der Ankunft der Europäer zutage gefördert hat. Machen Sie aber zuvor unbedingt den kleinen Schlenker zum **Keramat Iskandar Shah** 13 D4, einer stets reich

SIR STAMFORD RAFFLES

Die Leidenschaft für Segeltörns in unbekannten Meeren war Thomas Stamford Bingley Raffles in die Wiege gelegt: Als Sohn eines mittellosen Kapitäns wurde er am 6. Juli 1781 auf Schiffsplanken vor der Küste Jamaikas geboren. Fernweh und eine gehörige Portion Ehrgeiz trieben ihn später als Beauftragten der stets nach neuen Handelsniederlassungen suchenden East India Company an die Küsten Südostasiens. Er baute Singapur für die Krone als blühende Handelsmetropole auf. Um Konflikte zu vermeiden, siedelte er die verschiedenen, in Scharen einwandernden Völkergruppen im Rahmen einer weitsichtigen Stadtplanung in gesonderten Vierteln an. So entstanden Chinatown, Little India und das Viertel um die Arab Street. Sein eigenes Domizil – er hielt sich insgesamt nicht länger als ein Jahr in Singapur auf – errichtete Raffles auf dem heutigen Fort Canning Hill. Die frische Brise, die dort oben oft vom Meer her weht, tat seiner angeschlagenen Gesundheit gut. Die Nachbarschaft zur Grabstätte des Sultans Keramat Iskandar Shah brachte wohl eher Unglück, glauben die Malaien, die den Hügel noch heute Forbidden Hill nennen: Tabuzone, bloß nicht betreten! Raffles Privatleben verlief jedenfalls alles andere als glücklich. Seine erste Frau, angeblich die Ex-Geliebte seines Vorgesetzten, verblich kurz nach der Hochzeit. Alle vier Kinder aus der Ehe mit seiner zweiten Frau starben früh, drei vermutlich an Malaria. Sir Stamford Raffles selbst starb einen Tag vor seinem 45. Geburtstag.

Das Nationalmuseum erzählt die Geschichte des Stadtstaates auf unterhaltsame Weise

geschmückten Grabstätte. Die Malaien verehren hier Sultan Megat Iskandar, der zu Beginn des 15. Jhs. Malakka gründete. Der Hügel ist ihnen bis heute heilig: Sie nennen ihn Forbidden Hill, eine Tabuzone, die Raffles allerdings nicht respektiert hat – zu seinem eigenen Unglück, wie man glaubt › Seitenblick S. 84.

Weiter den Hang hinunter erstreckt sich der **Spice Garden** 14 D3. Atmen Sie tief durch, es duftet herrlich aromatisch. Die kleine Gewürzplantage ist eine Miniaturkopie der Anpflanzung, die Raffles hier 1822 hatte anlegen lassen.

NATIONAL MUSEUM OF SINGAPORE 15 ★2 D3

Über eine Fußgängerbrücke erreicht man vom Canning Rise den modernen Glasanbau des Nationalmuseums und dessen Nebeneingang. Ansonsten gelangt man auf der anderen Seite, an der Stamford Road, durch das Hauptportal in den klassizistischen Prachtbau aus dem Jahr 1887. Dort wird der Eintritt entrichtet. Die verschiedenen Ausstellungen zur sozialen und politischen Entwicklung des Stadtstaates sind originell arrangiert. Besonders faszinierend ist ein Gang durch die History Gallery – im Rahmen einer kostenlosen Führung oder per App (93 Stamford Rd., MRT Dhoby Ghaut, tgl. 10–19 Uhr, 15 S$, www.nationalmuseum.sg).

PERANAKAN MUSEUM 16 ★ D4

Klein, aber fein: Das in einem früheren Schulgebäude untergebrachte Museum bietet Einblicke in die Multikultur der Peranakan-Gesellschaft, die ganz typisch war für die Straits Settlements in Singapur, Malakka und Penang. Großen Raum in der auf drei Ebenen verteilten Dauerausstellung nimmt die traditionel-

RAFFLES HOTEL – DIE GRAND OLD LADY

In Singapurs Hotellegende fühlen sich Gäste in die Kolonialzeit zurückversetzt

Singapurs traditionsreichstes Hotel hat einen ehrwürdigen Namenspaten: den Stadtgründer Sir Stamford Raffles. Schade nur, dass der koloniale Tausendsassa schon fast 100 Jahre tot war, als das Hotel in den 1920er-Jahren richtig gesellschaftsfähig wurde. Nicht zuletzt wegen des nachträglich angebauten Ballsaals, berühmt als »finest ballroom of the East«. Seine heutige Pracht verdankt das strahlend weiße Grand Hotel vielen teuren Um- und Ausbauten, zuletzt 2019. Man kann leicht ein paar Stunden im Raffles verbringen – auch ohne dort übernachten zu müssen (Suiten ab 1100 S$, › S. 31).

GASTLICHKEIT FÜR JEDERMANN

Mit Ausnahme des sorgsam bewachten Refugiums der Hotelgäste ist das Raffles für die Öffentlichkeit zugänglich. 10 Restaurants, Cafés und Bars stehen zur Auswahl, allesamt eine Empfehlung wert, auch wenn Preis und Leistung nicht immer in Einklang stehen.

- **Raffles Courtyard** bietet den ganzen Tag über im Innenhof Gastlichkeit unter freiem Himmel (und großen Sonnenschirmen), ein beliebter Treff zum Nachmittagskaffee oder Aperitif. Dann geht es klimatisiert weiter:
- In der eleganten **Lobby** des Hotels können Gäste den traditionellen Afternoon Tea einnehmen, mit hausgemachten Ku-

chen und Scones, Finger Sandwiches, Champagner und Tee.

- Die **Writers Bar** mit einfallsreichen Cocktails erinnert an literarische Größen wie Hermann Hesse und William Somerset Maugham, die einst im Raffles genächtigt und gezecht haben.
- Nebenan tischt das Restaurant **La Dame de Pic** kulinarische Highlights der mit drei Michelin-Sternen ausgezeichneten Küchenchefin Anne-Sophie Pic auf, die im Raffles ihr erstes Restaurant im asiatischen Raum eröffnet.
- Der **Tiffin Room** ist seit 1892 bekannt für seine nordindischen Spezialitäten, die in Lunchboxen *(tiffin boxes)* serviert werden – mittags auch als Buffet.
- **BBR by Alain Ducasse** serviert im nostalgischen Ambiente eines kolonialen Barbetriebs mit Billardtisch mediterrane Küche, ein Schwerpunkt liegt auf Grillgerichten.
- In **Ah Teng's Café** neben dem Gift Shop gibt es was auf die Hand: frische Backwaren, Süßigkeiten, kalte und heiße Getränke.
- In der **Long Bar** im ersten Stock wurde der Singapore Sling kreiert. Der berühmte lange Tresen hat die Renovierung überlebt, und auch die Erdnussschalen dürfen weiterhin auf den Boden geworfen werden.
- Auf dem Hackblock der offenen Küche von **Butcher's Block** nebenan wird nur bestes Fleisch aus dem gläsernen *meat cooler* verarbeitet. Ein Experte berät die Gäste bei der Bestellung.
- Im 3. Stock macht sich **yi by Jereme Leung** daran, traditionelle Gerichte der chinesischen Küche modern zu interpretieren. »yi« bedeutet »Kunst« und Jereme Leung ist ein Master Chef von internationalem Renommée.

RAFFLES HOTEL SHOPPING ARCADE

In den Raffles-Arkaden öffnet sich eine Lifestyle-Welt von globaler Grandezza: An die 40 Läden und Boutiquen verkaufen internationale Designermode, Schmuck und Delikatessen, Schneiderateliers fertigen Anzüge und Hemden nach Maß.

Originelle Souvenirs für jedes Budget vom historischen Hotelposter bis zum Tee-Set bekommt man in der empfehlenswerten Raffles Boutique. Wem der Singapore Sling in der Long Bar zu teuer ist (ca. 38 S$), der kann den Cocktail-Klassiker hier als Premix erwerben – oder auch nur das Glas.

SINGAPORE SLING

Im Jahre 1915 wurde der weltweit bekannte Longdrink zum ersten Mal gemixt, von Ngiam Tong Boon, damals routinierter Barkeeper im noch ursprünglichen Raffles Hotel. Heute ist das Originalrezept längst kein Geheimnis mehr:

- 30 ml Gin
- 120 ml Ananassaft
- 15 ml frischer Zitronensaft
- etwas Angostura Bitter
- 7,5 ml Dom Benedictine
- 7,5 ml Cointreau
- 15 ml Peter Heering Cherry Liqueur
- 10 ml Grenadine

Alles im Shaker auf Eis schütteln und in ein zur Hälfte mit Eis gefülltes Longdrinkglas kippen. Mit Soda auffüllen und mit Früchten dekorieren. Cheers!

le Hochzeit mit all ihren Ritualen und Prachtgewändern ein (39 Armenian St., MRT City Hall, wegen Neugestaltung bis Mitte 2021 geschl., www.peranakanmuseum.org).

CATHEDRAL OF THE GOOD SHEPARD 17 E3

Folgen Sie der Queen Street Richtung Bras Basah Road, zwischen modernen Universitätsgebäuden und dem eindrucksvollen Steinbau der Cathedral of the Good Shepherd, errichtet 1846. In unmittelbarer Nachbarschaft steht die ehemalige St. Joseph's Institution als erste römisch-katholische Kirche auf der Insel. Wegen umfangreicher Renovierungsarbeiten ist das hier beheimatete **Singapore Art Museum** bis voraussichtlich 2021 geschlossen (www.singaporeartmuseum.sg).

TOLLE AUSSICHTEN

Die kann man vom **SkyPark** des Marina Bay Sands › **S. 89** und von der **1-Altitude Bar** (One Raffles Place, OUB Centre, tgl. ab 18 Uhr, www.1-altitude.com) genießen. › **mehr S. 14 Punkt 15** Gemütlich präsentiert sich die luftige Terrasse des **LeVel 33** › **S. 54**, »the world's highest urban craft brewery«, stilvoll geht es im Restaurant **Equinox** im 70. Stock des Swissôtel The Stamford › **S. 31** zu. Nur 6 S$, zahlbar mit EZ-Link Card, kostet der Blick von der Skybridge im 50. Stock des **Pinnacle @ Duxton** (tgl. 9–21 Uhr, www.pinnacleduxton.com.sg).

ZWISCHENSTOPP: RESTAURANTS

Der verwinkelte Gebäudekomplex des **Chijmes** 1 liegt am Weg: Ins Old Convent of the Holy Infant Jesus, früher ein Waisenhaus mit Kirche, sind attraktive Restaurants, Cafés, Bars und Läden eingezogen (30 Victoria St., www.chijmes.com.sg).

RAFFLES CITY 18 E4

Der silbern verkleidete Einkaufspalast ist nicht zu übersehen. Tauchen Sie ein in die erfrischende Kühle der eleganten Shoppingmall, zu der auch zwei Hotels gehören: Vom Restaurant und von der Bar des **Swissôtel The Stamford** › **Seitenblick unten, S. 31** aus bietet sich eine von Singapurs meistfotografierten Perspektiven.

RAFFLES HOTEL 19 ★3 E3

Wenn Sie Raffles City an der Bras Basah Road verlassen, müssen Sie nur die Straße überqueren und schon blendet dic »Grand Old Lady of the East« mit strahlend weißer Fassade › **Seitenblick S. 86.** 1887 eröffneten die armenischen Brüder Sarkies hier ein einfaches Hotel in einem Bungalow im Kolonialstil. Über die Jahre wurde es ausgebaut und erweitert, eine erste Renovierung erfolgte zwischen 1989 und 1991, dann pumpten die neuen Eigentümer aus Qatar abermals Hunderte Millionen Dollar in das prestigeträchtige Objekt und eröffneten es Mitte 2019 rundum erneuert. Die Gäste residieren in noblen Suiten (ab 1100 S$). In den zweistöckigen Arkaden locken edle Boutiquen, Juweliergeschäfte und Kunstgalerien, tolle Restaurants und Bars.

TOUR 2

MARINA BAY

VERLAUF: Suntec City Mall > Marina Square > Esplanade Park > Singapore Flyer > Marina Bay Sands > Gardens by the Bay > Marina Barrage

KARTE: Seite 80
DAUER: mindestens 1/2 Tag
PRAKTISCHE HINWEISE:
- Anfahrt bis MRT Esplanade oder Promenade, zur/von der Marina Barrage am besten per Taxi.

TOUR-START: SUNTEC CITY MALL 20 F3

Die gigantische Mall schließt sich an das gleichnamige Kongresszentrum an. Populärer Treff ist der **Fountain of Wealth** 21 F3, ein riesiger Springbrunnen, der nach Kriterien des Feng-Shui angelegt wurde und für Wohlstand steht, zu erreichen durch das Untergeschoss (5 Temasek Blvd., Touch Water Sessions tgl. 10–12, 14–16, 18–19.30 Uhr, www.sunteccitymall.com).

MARINA SQUARE 22 E/F4

Dank verzweigter, aber gut beschilderter Unterführungen (Citylink Mall Underpass) erreicht man bequem zu Fuß die benachbarten attraktiven Shoppingcenter **Millenia Walk** und **Marina Square Mall.** Dem verschachtelten Komplex sind mehrere Luxushotels angegliedert.

ESPLANADE PARK 23 E4

Die gepflegte Anlage an der Marina Bay krönt ein Veranstaltungskomplex mit außergewöhnlicher Architektur: Unter einer riesigen Dachkonstruktion, die zwei stacheligen Durian-Früchten nachempfunden ist, verbergen sich die **Theatres on the Bay** mit Bühnen für Oper, Theater, Ballett und Konzert. Auch das renommierte Singapore Symphony Orchestra spielt hier (1 Esplanade Dr., www.esplanade.com). Die Promenade am Wasser mit Blick auf den weißen Merlion > S. 78 wird von den Singapurern abends gerne zum Flanieren genutzt, die Restaurants und Cafés sind gut besucht. Bei **The Float@Marina Bay** handelt es sich um die größte schwimmende Bühne der Welt.

SINGAPORE FLYER 24 F4

Die 28 klimatisierten Großraumkabinen des Riesenrads befördern bis in 165 m Höhe, bei klarem Wetter mit Weitblick bis nach Malaysia und Indonesien (tgl. 8.30–22.30 Uhr, 33 S$, www.singaporeflyer.com). Angeschlossen ist ein nettes Hawker Centre in Stil der 1960er-Jahre.

MARINA BAY SANDS 25 4 F5

Architekt Moshe Safdie definiert ihn als Mikrokosmos: den futuristischen Hotelkomplex aus drei eleganten Türmen, überdacht vom vage an ein Surfbrett erinnernden **Sands SkyPark** mit seinem 150 m langen Swimmingpool in 200 m Höhe. Ins Wasser dürfen nur Übernachtungsgäste, so können Sie den Ausblick aber ebenfalls genießen: Entweder Sie lösen im Basement des Tower 3 ein Ticket für das Observation Deck im 57. Stock (Mo–Do 9.30–22, Fr bis So 9.30–23 Uhr, 23 S$) oder Sie investieren im Erdgeschoss 22 S$ an der Rezeption der Restaurant-Bar Cé la Vi › S. 55, 88 und erhalten dafür einen Drink. Von der Aussichtsplattform aus kann man ebenfalls ins Cé la Vi gelangen. Die dazugehörige Club Lounge (Mo–Fr ab 12, Sa, So ab 11, DJ ab 22 Uhr) grenzt an den Pool und ist auch nach Mitternacht mit faszinierenden Blicken über die nächtlich beleuchtete Stadt noch sehr populär.

Unterhalb verteilen sich 2561 Hotelzimmer und Suiten auf 55 Etagen › S. 30. Angegliedert sind ein nobles **Shoppingcenter**, das **Marina Bay Sands Casino** (tgl. 24 Std. geöffnet), eine populäre Bühne im **Marina Bay Sands Theater**, das von seiner Form her an eine Lotusblume erinnernde **ArtScience Museum** mit einer anspruchsvollen Kunst- und Erlebniswelt sowie eine Fülle gastronomischer Einrichtungen. › mehr S. 16 Punkt 29 Den Marina-Bay-Sands-Komplex erreicht man von der Esplanade kommend über die futuristisch anmutende, autofreie **Helix Bridge**; die nächste MRT-Station ist Bayfront (www.marinabaysands.com).

GARDENS BY THE BAY 26 ★5 F5

Die Ostseite der Bucht ist begrünt mit einer 55 ha großen Parklandschaft, tropischer Vegetation unter voluminösen Glaskuppeln und Spazierwegen unter riesigen Kunstbäumen inklusive 22 m hohem Skywalk (8 S$). Die Anlage besteht aus **Flower Dome, Cloud Forest** (tgl. 9–21 Uhr, 28 S$), **Heritage Gardens, Supertree Grove** und **World of Plants** (tgl. 5–2 Uhr, Eintritt frei). Einen Plan gibt es im Visitor Centre (www.gardensbythebay.com.sg), hier können auch Audioguides gemietet (auf Englisch, tgl. 9–20 Uhr) und eine 25-minütige Rundtour mit dem Garden Cruiser gebucht werden (tgl. 9.45–17 Uhr, 8 S$). Um 19.45 und 20.45 Uhr werden die Supertrees von einer Light Show illuminiert. Es gibt mehrere Restaurants und ein Observation Deck im mit 50 m höchsten Supertree. Vom Marina Bay Sands aus führt in der 4. Etage eine Fußgängerbrücke über die Schnellstraße mitten auf das Gelände.

MARINA BARRAGE

Noch weiter östlich fließt Regenwasser in die Marina Bay, wird dort gesammelt und von einer 350 m langen Barriere daran gehindert, ins salzige Meer zu fließen. Diese *catchments* (es gibt insgesamt 15 davon) sind für Singapur lebenswichtig, um nicht auf Süßwasserlieferungen aus Malaysia angewiesen zu sein. Also wird das kleine Wunder als Touristenattraktion mit spritzigen Demonstrationen zum Thema Wasser zelebriert (8 Marina Gardens Dr., tgl. rund um die Uhr, www.pub.gov.sg/marina, Eintritt frei).

Im Südosten befindet sich der **Marina South Pier**, zweiter großer Terminal für Kreuzfahrtschiffe.

RUND UM DIE ORCHARD ROAD

Selbst eingefleischte Shoppingmuffel verfallen auf der Orchard Road in ungehemmten Kaufrausch

Die Orchard Road ist die bekannteste Shoppingmeile Singapurs, wenn nicht ganz Asiens. Hier wird in hypermodernen Malls mit Shops internationaler und einheimischer Labels dem Kaufrausch gefrönt – Konsum als Freizeitvergnügen.

Für die etwas über 2 km lange Konsummeile am Westrand der City gibt es zwei Extreme: Es beim Schaufensterbummel belassen und das Reisebudget schonen oder »shop till you drop« – einkaufen bis zum Umfallen. Egal wie, irgendwann ist Ihnen vermutlich tatsächlich nach Umfallen zumute: angesichts der monströsen Preise internationaler Designer und Couturiers oder weil die Füße einfach nicht mehr wollen. Aber keine Bange! Der Konsummarathon auf einer der vermutlich üppigsten Einkaufsstraßen der Welt wird nicht bei tropischer Witterung ausgetragen. Dafür sorgen die spürbar kühl klimatisierten Shoppingcenter, die sich entlang der Orchard, Scotts und Tanglin Road dicht an dicht aneinanderreihen.

Schonen Sie Ihre Kräfte, indem Sie von oben nach unten durch die mehrstöckigen Einkaufspaläste bummeln – zunächst hinauf mit dem Aufzug, dann zu Fuß über Stufen oder Rolltreppen hinab. Im Untergeschoss sorgen meist gut sortierte Essensstände und Supermärkte fürs leibliche Wohl. Je nach Konsumlaune oder -anfälligkeit werden Sie ein paar Stunden bis zu einem ganzen Tag unterwegs sein. Und wer es gegen Ende der Tour noch bis zum Botanischen Garten schafft, darf ganz kostenlos gehegte Natur pur konsumieren.

An der Orchard Road ist alles vertreten, was in der Modewelt Rang und Namen hat

RUND UM DIE ORCHARD ROAD | 93

TOUR UM DIE ORCHARD ROAD 6

TOUR 3

KLIMATISIERTER KONSUMMARATHON

VERLAUF: Plaza Singapura > Orchard Plaza > Orchard Point > Centre Point > Peranakan Place > Orchard Central > The Heeren > Design Orchard > Paragon > Ngee Ann City > Wisma Atria > ION Orchard > Lucky Plaza > Scotts Road > Shaw Centre > Palais Renaissance > Tanglin Shopping Centre > Tudor Court > Botanic Gardens > Forum > Wheelock Place

KARTE: Seite 94
DAUER: 4–8 Std. zu Fuß, je nach (Kauf-)Lust und Laune
PRAKTISCHE HINWEISE:

- Startpunkt ist die MRT-Station Dhoby Ghaut, zurück geht es von der MRT-Station Orchard.
- Wer am Spätnachmittag bzw. frühen Abend mit dem Taxi zurück ins Hotel will, muss vor den Shoppingcentern längere Wartezeiten in Kauf nehmen. Schneller ist man mit der MRT, die unterhalb der Orchard Road an drei Stationen hält.
- Die mehrspurige, stark befahrene Orchard Road abseits der Fußgängerampeln zu überqueren ist gefährlich und deshalb verboten. Verstöße werden mit Bußgeldern in Höhe von 20 S$ geahndet.

TOUR-START:
VON DHOBY GHAUT ZUM PERANAKAN PLACE

Verkehrsgünstig an der MRT-Station Dhoby Ghaut beginnt die Shoppingmeile: Nehmen Sie den Ausgang Orchard Road. Aus der Unterwelt aufgetaucht, blendet auch schon das grelle Licht der Tropen. Schatten findet man jedoch schnell auf dem großzügig angelegten Platz **The Atrium Orchard,** an dem das in den 1960er-Jahren erbaute, schon mehreren Faceliftings unterzogene Shoppingcenter **Plaza Singapura** 1 D3 von der damals aufkeimenden Konsumfreude zeugt (68 Orchard Rd., www.plazasingapura.com.sg).

Folgen Sie der Orchard Road vorbei an der gut bewachten Einfahrt zum **Istana,** dem in einer Grünanlage versteckten Palast des Präsidenten. Natürlich lassen die adrett uniformierten Gardesoldaten keinen Unbefugten auf das Gelände.

Auf der rechten Seite der Orchard Road weitergehend erreichen Sie hinter dem massiven Komplex des Concorde Hotel das **Orchard Plaza** 2 C3, wo die einheimischen Händler noch Spaß am Feilschen haben. Keine effektvoll dekorierten Ladenlokale, sondern mit Waren vollgestopfte Verkaufsräume, in denen Schuhe, Textilien, Koffer oder Souvenirs günstig zu haben sind. Ein traditionelles Einkaufszentrum, in dem auch Massagepraxen (nur für therapeutische Zwecke) angesiedelt sind und Schneider ihre Ateliers haben (150 Orchard Rd., www.orchardplaza.sg).

Auf mehreren Etagen wird **Orchard Point** 3 C3 von der Kaufhauskette OG beherrscht, die, wie auch die anderen Department Stores, mehrmals im Jahr Sales ausruft (160 Orchard Rd). Wieder draußen im Getümmel dahineilender Passanten, sollten Sie kurz nach rechts in die **Cuppage Road** abzweigen. Die schmale Straße führt nach wenigen Metern zur **Cuppage Terrace**, einem von vielen Kneipen, Restaurants und Schnellimbissen gesäumten Platz, abends als Treffpunkt beliebt auch bei den in Singapur arbeitenden Ausländern, den *expats*.

Das **Centrepoint** 4 C3 gehört zu den alteingesessenen Einkaufszentren, hier herrscht immer viel Betrieb. Auf vier Etagen verteilen sich die Filialen bekannter Modedesigner. Auch der Department Store Metro okkupiert mehrere Stockwerke (176 Orchard Rd., www.fraserscentrepointmalls.com).

PERANAKAN PLACE 5 C3

Der kleine Platz am Rand der Orchard Road bietet den Tischen und Stühlen eines Straßenlokals Platz, das vor allem bei Touristen ausgesprochen beliebt ist. Viele legen hier eine Rast ein und schauen den vorbeieilenden Passanten zu. An der Ecke befindet sich das **Singapore Visitor Centre** › S. 153.

Die abzweigende und leicht ansteigende **Emerald Hill Road** führt vorbei an historischen Reihenhäusern *(terrace houses)* der früheren Peranakan-Bevölkerung. Hinter den schon mehrmals restaurierten Fassaden, denen das Tropenklima immer wieder erkennbar zusetzt, haben sich inzwischen Klubs, Bars und Restaurants eingerichtet.

MITTLERES TEILSTÜCK DER ORCHARD ROAD

Seitenwechsel an der Fußgängerampel oder unterirdisch zum **Orchard Gateway** (218 Orchard Rd., www.orchardgateway.sg), das in das **Orchard Central** 6 C3 übergeht. Hinter der gläsernen Fassade haben vor allem internationale Designer ihre Outlets (181 Orchard Rd., www.orchardcentral.com.sg). Das angeschlossene Einkaufszentrum **313@ Somerset** hat einen direkten unter-

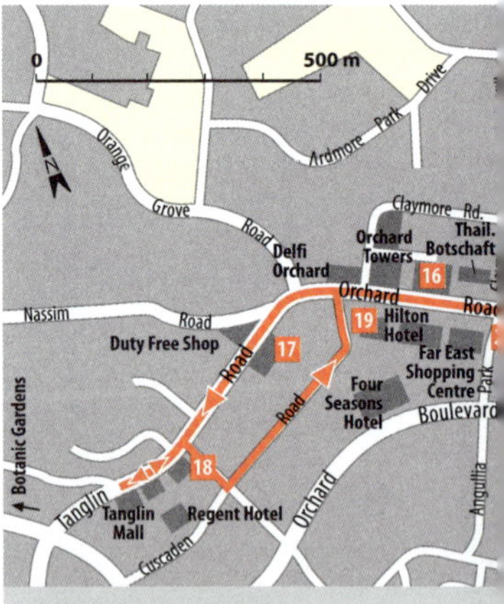

TOUR ENTLANG DER ORCHARD ROAD

TOUR 3

KLIMATISIERTER KONSUMMARATHON

irdischen Zugang zur MRT-Station Somerset. Der moderne, im Atriumstil errichtete Komplex mischt hochpreisigen Einzelhandel mit attraktiver Gastronomie (313 Orchard Rd., www.313somerset.com.sg). Bevorzugte Adresse für exklusives Shoppen ist auch die verwinkelte **Mandarin Gallery** des benachbarten Mandarin Orchard Hotel.

Auf der gegenüberliegenden Straßenseite hat sich mit dem **Design Orchard** ein kleines, aber feines Kaufhaus für Mode, Accessoires und Kosmetik »made in Singapore« etabliert, dem man auch aufs Dach steigen darf: beschattet von Sonnenschirmen wie geschaffen für eine Pause vom Einkaufstrubel (250 Orchard Rd., www.designorchard.sg).

The Heeren 7 C3 heißt der verglaste Einkaufskomplex ein paar Schritte weiter, jenseits der Cairnhill Road. Mehrere Etagen füllt hier der hochwertige Department Store Robinsons aus. (260 Orchard Rd., www.heeren.com.sg).

Weiter auf der rechten Seite der Orchard Road folgt das Shoppingcenter **Paragon** 8 C3. In dem ebenso großzügigen wie eleganten Ambiente kauft erkennbar gut situiertes Publikum bei internationalen Modedesignern von Armani bis Versace ein. Lassen Sie sich vom Labyrinth im Innern und den zwei Eingängen nicht in die Irre führen: Eine Hälfte des Komplexes wurde nachträglich angebaut (290 Orchard Rd., www.paragon.com.sg).

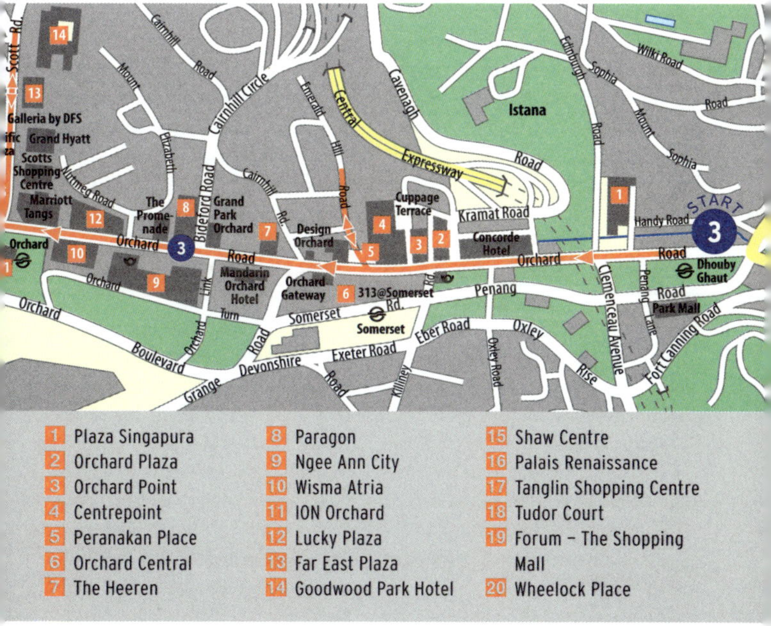

- 1 Plaza Singapura
- 2 Orchard Plaza
- 3 Orchard Point
- 4 Centrepoint
- 5 Peranakan Place
- 6 Orchard Central
- 7 The Heeren
- 8 Paragon
- 9 Ngee Ann City
- 10 Wisma Atria
- 11 ION Orchard
- 12 Lucky Plaza
- 13 Far East Plaza
- 14 Goodwood Park Hotel
- 15 Shaw Centre
- 16 Palais Renaissance
- 17 Tanglin Shopping Centre
- 18 Tudor Court
- 19 Forum – The Shopping Mall
- 20 Wheelock Place

Den gewaltigen, schicken Konsumpalast **Ngee Ann City** 9 C3 kann man einfach nicht links liegen lassen und überquert deshalb an der Fußgängerampel ein weiteres Mal die Orchard Road: Unter zwei Türmen (A und B) haben sich unter- und oberirdisch über 70 angesehene Modeschöpfer mit Dependancen angesiedelt. Riesig ist die hiesige Niederlassung des japanischen Department Stores Takashimaya. Preiswertere Geschäfte finden Sie im Untergeschoss B1; das Untergeschoss B2 mit seinen exquisiten Imbissständen und dem exotischen Supermarkt ist für Gourmets ein absolutes Muss. Davor finden regelmäßig Werbeveranstaltungen und populäre Sonderverkäufe statt. Außerdem gibt es in dem Komplex eine Kunstgalerie, ein Sportstudio und ein Kulturzentrum. Wer englischsprachige Literatur über Singapur sucht, wird in der bestens sortierten Buchhandlung **Kinokuniya** fündig › S. 49 (391 Orchard Rd., www.ngeeanncity.com.sg).

Durch das Untergeschoss gelangt man ins **Wisma Atria** 10 B3, wo sich viele kleine Boutiquen mit aparter Mode und originellen Accessoires drängen. Vertreten ist auch das bekannte Kaufhaus Isetan, das über mehrere Etagen verteilt hochwertige internationale Markenware feilbietet. Der Food Court in der obersten Etage gilt als einer der besten der Stadt (435 Orchard Rd., www.wismaonline.com).

Ebenfalls unterirdisch verbunden ist das **ION Orchard** 11 ★ B3, ein weiteres modernes Shoppingcenter der Superlative, das unter einem gigantischen Apartmentkomplex über 300 Einzelhändler vereint und nach wie vor mit als beste Adresse gilt – nicht nur an der Orchard Road › s. auch S. 101, Juweliere. Die gläserne Fassade ist architektonisch überaus fantasievoll gestaltet (2 Orchard Turn, www.ionorchard.com).

Die Unterführung zur MRT-Station Orchard leitet hier Fußgänger gefahrlos auf die andere Seite der stark befahrenen Orchard Road. Folgen Sie der Beschilderung »Scotts Road/Lucky Plaza«.

Lucky Plaza 12 B/C3 ist nach wie vor eine beliebte Adresse der *locals*. Das Feilschen um den Preis gehört hier zum Geschäft. Versuchen Sie Ihr Glück z. B. in den Schmuck- und Perlengeschäften auf Ebene 1 (304 Orchard Rd., www.luckyplaza.com.sg).

Westliche Kauf- und Verkaufssitten herrschen wieder im benachbarten Kaufhaus **Tangs**, das in günstiger Ecklage regelmäßig mit *sales* Schnäppchenjäger anlockt (310 Orchard Rd, www.tangs.com.sg).

ABSTECHER IN DIE SCOTTS ROAD

Gleich zwei Luxushotels profitieren hier von der zentralen Lage an der Einkaufsmeile: Zum **Marriott** mit dem auffälligen grünen Ziegeldach gehört das lebhafte Straßencafé »Crossroads«, das **Grand Hyatt** versucht es mit angewandtem Feng-Shui, indem das Hauptportal in einem bestimmten Winkel zur Straße angelegt wurde, sodass kein Geld zur Tür hinausfließen kann.

Im noch traditionellen Shoppingcenter **Far East Plaza** 13 B2 neben dem Grand Hyatt bieten im Untergeschoss winzige Ladenlokale junge asiatische Mode und Accessoires feil. Die Preise sind ebenso klein wie die Kleidergrößen. Europäer von normaler Statur platzen hier aus allen Nähten (14 Scotts Rd., www.fareast-plaza.com).

Müde und abgespannt? Nur wenige Meter entfernt, auf der rechten Straßenseite, wird im schicken Café L'Espresso des **Goodwood Park Hotel** 14 B2 nachmittags der klassische Afternoon Tea serviert (Mo–Do 14–17.30 Uhr, Fr–So zwei Sitzungen 12–14.30, 15–17.30 Uhr, Reservierung unter Tel. 6730 1743).
› mehr S. 14 Punkt 16

Diesmal ist es eine Fußgängerbrücke, die Sie wohlbehalten auf die andere Seite der stark befahrenen Scotts Road bringt, wo die **T Galleria by DFS** mit allerlei zollfreien Souvenirs und Kosmetika lockt. An der Ecke Orchard Road logieren im prächtig gestalteten Konsumtempel **Shaw Centre** 15 B2 u.a. auch die Nobelkaufhauskette Isetan sowie der IMAX-Kinopalast (1 Scott Rd., www.shaw.sg).

ZWISCHEN SCOTTS UND TANGLIN ROAD

Weiter entlang der Orchard Road, vorbei an der Thailändischen Botschaft, sticht der durchgestylte, aber vergleichsweise wenig besucht Einkaufspalast **Palais Renaissance** 16 B2 ins Auge. Im Innern warten erlesenste Designerläden auf zahlungskräftige Kundschaft (390 Orchard Rd., www.palais.sg).

Das Goodwood Park Hotel ist der perfekte Rahmen für einen echt britischen Afternoon Tea

Üppig wuchernde Tropenpflanzen spielen im Botanischen Garten recht überzeugend Natur

Szenenwechsel in den benachbarten **Orchard Towers:** Zwischen kahlen Betonwänden führen asiatische Händler und in Dämmerlicht getauchte Bars ein wenig ansprechendes Schattendasein (400 Orchard Rd.). Um so mehr beeindruckt das elegante Interieur des **Delfi Orchard,** stilvolles Refugium einiger weniger exklusiver Schneider, von betuchter Klientel frequentierter Schönheitsinstitute und Juweliere (402 Orchard Rd.).

Ein Seitenwechsel auf der Orchard Road, die hier in die Tanglin Road übergeht, bringt das etablierte **Tanglin Shopping Centre** 17 B2 näher, das nach seiner Renovierung zwar viel an Ursprünglichkeit verloren hat, aber nach wie vor als sehr empfehlenswerte Adresse für asiatische Antiquitäten und maßgeschneiderte Kleidung gilt (19 Tanglin Rd., www.tanglinsc.com).

Tudor Court 18 A2, eine hübsche Ladenzeile, zitiert architektonisch den englischen Landhausstil. Fast alle hier ansässigen Geschäfte haben sich auf hochwertige Antiquitäten, Wohnaccessoires und Teppiche spezialisiert (125 Tanglin Rd.).

Nebenan bemüht sich die **Tanglin Mall** mit einem attraktiv gemischten Warenangebot zu zivilen Preisen (u.a. im Outlet des Kolonialmodelabels BritishIndia), die Kunden von der Orchard Road wegzulocken – auch mit dem attraktiv gefüllten Supermarkt und dem appetitlichen Tanglin Food Court im zweiten Untergeschoss. Wer attraktive Mode aus Südostasien sucht, ist in der Tanglin Mall ebenfalls richtig und wird fündig bei AkaMotif (#01–02),

ein Shop, der auch schöne Accessoires anbietet (163 Tanglin Rd., www.tanglinmall.com.sg).

Zurück zur Orchard Road führt der Weg über die Tomlinson und Cuscaden Road, vorbei am immer noch populären Hard Rock Café (Nr. 50, www.hardrock.com). Nächste Shoppingmall ist das **Forum** 19 B2, wo Sie neben Designershops eine ganze Reihe origineller Kinderausstatter sowie einen prall gefüllten Spielzeugsupermarkt im Obergeschoss vorfinden. Das sich anschließende Gebäude vereint das Hotel Hilton mit einer eleganten Ladenpassage, die bis zum Orchard Boulevard und zum Hotel Four Seasons führt (583 Orchard Rd., www.forumtheshoppingmall.com.sg).

Gleich auf das **Far East Shopping Centre** (545 Orchard Rd.) als einer nach wie vor schmucklosen Stätte althergebrachten Handeltreibens folgt das superschicke **Wheelock Place** 20 B3, wo zwischen glitzerndem Glas und glänzendem Chrom Lifestyle-Produkte angeboten werden – Hauptsache smart, flippig und hochpreisig. Deutlich konservativer das Sortiment im Untergeschoss, wo sich die britische Kaufhauskette Marks & Spencer breit gemacht hat (501 Orchard Rd., www.wheelockplace.com). Durch die Untergeschosse beider Malls ist die MRT-Station Orchard gut zu erreichen.

BOTANIC GARDENS / NATIONAL ORCHID GARDEN 7

Wenn Sie gegenüber der Tanglin Mall an der Ecke Tanglin Road/Napier Road nach rechts abbiegen, erreichen Sie nach ca. 10 Gehminuten über die Holland Road diese ausgedehnte tropische Oase mitten in der Stadt. Schon 1859 wurden hier erste Grünanlagen gestaltet. Die Umwandlung in einen Botanischen Garten mit modernem Visitor Centre inklusive audiovisueller Erläuterungen am neuen Eingang an der Cluny Road hat sich Singapur über 50 Mio. S$ kosten lassen. Heute können Besucher das Palm Valley, ein 6 ha großes Regenwaldareal und verschiedene Themengärten erkunden, darunter eine beeindruckende Orchideensammlung. › **mehr S. 15 Punkt** 22 (Botanischer Garten tgl. 5–24 Uhr, Eintritt frei; National Orchid Garden tgl. 8.30–19 Uhr, Eintritt 5 S$, www.sbg.org.sg).

SHOP 'TIL YOU DROP

In den exklusiven Shoppes at Marina Bay Sands sind vorwiegend Luxuslabels vertreten

Die Singapurer lieben das Shoppen oder zumindest ausgedehnte Schaufensterbummel › S. 48. Tropische Schwüle kann das Vergnügen nicht trüben, denn die Konsumwut tobt sich weitgehend in klimatisierten Shoppingcentern aus – am heftigsten während des **Great Singapore Sale** im Frühsommer.

WIE'S PASST

Kaufen Sie kein Kleidungsstück von der Stange, ohne es anprobiert zu haben: Singapurische Mode ist meist für zierliche Asiaten geschneidert. Auf die ausgewiesenen Kleidergrößen ist kein Verlass: in der Länge zu kurz, an den Schultern oder über der Brust zu eng. Auf großem Fuß lebt es sich in Singapur gut – aber ganz selten passend. Denn jenseits von Schuhgröße 39 für Damen oder 43 für Herren können die Verkäufer/innen oft nur noch hilflos lächeln.

INDISCH EINGEWICKELT

Wie wär's mit einem eleganten Sari, aus golddurchwirktem Brokat oder schillernder Seide? Lassen Sie sich im Laden zeigen, wie man die knapp 6 m Stoff nach indischer Sitte um den Körper drapiert. Dazu passt eine bauchfreie, enge Bluse, Choli genannt. Die größte Auswahl finden Sie in **Little India** entlang der Serangoon Road (z. B. bei **Handlooms** in der Little India Arcade und in der **Tekka Mall** im 1. Stock).

GLÄNZEND EINGEKAUFT

Abseits der Edeljuweliere wird in Singapur Goldschmuck in der Regel nach Gewicht verkauft. Verlangen

Sie eine Quittung, die sowohl Gewicht als auch Karat ausweist. Maßgebend ist der tagesaktuelle Goldpreis. So handhaben es auch die vielen Juwelierläden in der **Serangoon Road** in Little India, wo goldschwere Ohrgehänge und breite Armreifen die Auslagen füllen. Lassen Sie sich hier einen Navarethinam zeigen – der mit neun Edelsteinen bestückte Goldring symbolisiert das indische Himmelsbild mit den neun vorherrschenden Planeten. Die **Tekka Mall** hat die größte Auswahl an Goldschmuck. Ausgefallenen Schmuck bekommen Sie im **Tanglin Shopping Centre** und in den **Raffles Hotel Arcades.** In der Ebene B2 des **ION Orchard,** gleich neben dem Eingang zur MRT-Station Orchard, reihen sich viele Juwelier-Geschäfte aneinander. Eine gute Auswahl schöner Schmuckstücke bieten auch zwei Künstler an der Orchard Road an:

- **Choo Yilin** C3
  Hochwertig und geschmackvoll.
  Mandarin Gallery | #02–23
  333A Orchard Rd. | Orchard Road District
  Tel. 6733 1131 | www.chooyilin.com
- **TianPo Jewellery** C3
  Centrepoint | #01–43
  176 Orchard Rd. | Orchard Road District
  Tel. 6235 1889 | www.tianpo.com

Das **Singapore Assay Office** prüft Ihr Schmuckstück auf seinen jeweiligen Goldanteil (249 Jalan Boon Lay, Tel. 6261 6418, www.assayoffice.com.sg). Seriöse Juweliere haben sich zur **Singapore Jewellers Association** zusammengeschlossen (www.sja.org.sg).

PERLEN

Es ist noch relativ günstig, in Singapur Perlen zu kaufen. Allerdings sollten Sie sich mit weißen oder schwarzen Perlen ein wenig auskennen, zumindest Süß- von Salzwasserperlen unterscheiden können.

- **Carrie K.** E3
  National Design Centre | #02–02
  111 Middle Rd. | City Centre
  Tel. 9061 2880 | www.carriekrocks.com
  C.T. Hoo B2
  Tanglin Shopping Centre | #01–22
  19 Tanglin Rd. | Orchard Road District
  Tel. 6737 5447
- **Mikimoto Pearls** F5
  Marina Bay Sands | #01–51
  Marina Bay | Tel. 6688 7524
  www.mikimoto.com

DIE SCHÖNSTEN KONSUMTEMPEL

- Die **Raffles Arcade** animiert mit stilvollem Ambiente dazu, in exklusiven Boutiquen viel Geld auszugeben > S. 87.
- Als scheinbare Erfüllung aller Konsumträume überwältigt die **Suntec City Mall,** die attraktive **Marina Square Mall** liegt nur eine Straßenecke weiter > S. 89.
- **The Shoppes at Marina Bay Sands,** Teil des gleichnamigen Hotels, bietet auf mehreren Etagen exklusive Designergeschäfte und eine gute Food Hall > S. 90.
- **Paragon** versammelt internationale Top-Designer-Labels wie Prada und Gucci unter einem Dach > S. 95.
- **Design Orchard** bietet lokalen Mode-Designern ein Forum > S. 95.
- **Ngee Ann City** ragt mit zwei Türmen in den Himmel und hat viel Platz für das japanische Kaufhaus Takashimaya > S. 96.
- **ION Orchard** ist zurzeit das exklusivste Einkaufszentrum > S. 96.

CHINATOWN

Geröstete Wassermelonenkerne sind die chinesische Antwort auf hippe und sündteure Superfoods

Buntes Treiben auf Straßenmärkten, bis unter die Decke mit Waren vollgestopfte winzige Geschäfte – in dem Viertel südlich des Singapur River, begrenzt von New Bridge Road und Cecil Street, nahm der Handelsplatz Singapur seinen Anfang.

Hier lernen Sie die chinesische Seite Singapurs kennen – oder vielmehr das, was nach der allgegenwärtigen Renovierungswut vom asiatischen Flair des Stadtteils übrig blieb. Das alte, den Chinesen von Raffles zugewiesene Viertel hat sich in Schale geworfen. Erwarten Sie keine Exotik, sondern gründlich restaurierte Straßenzüge mit in Pastellfarben gestrichenen Shop Houses, die Läden und appetitliche Restaurants beherbergen. Doch es gibt auch noch ein Stück ursprüngliches Chinatown, das Sie auf dem Weg durch verwinkelte Gassen und belebte Märkte entdecken werden. Lassen Sie sich einfach treiben – auf Entdeckung warten Moscheen und Tempel, aber auch chinesische Apotheken, Antiquitätengeschäfte und Läden, die neben Produkten für den Alltag vor allem Souvenirs und Tempelbedarf verkaufen.

TOUR IN CHINATOWN

TOUR 4

TEMPEL, TEE & SHOP HOUSES

VERLAUF: Sri Mariamman Temple > Far East Square / China Square Central > Wak Hai Cheng Bio Temple > China Square Food Centre > Fuk Tak Chi Museum > Ying Fo Fui Kun Club House > Nagore Dargha Shrine > Thian Hock Keng Temple > Singapore City Gallery > Duxton Hill > Buddha Tooth Relic Temple > Chinatown Complex > Jamae Mosque > People's Park Complex > Chinatown Point

KARTE: Seite 105

DAUER: ca. 6 Std. zu Fuß inklusive Besichtigungen

PRAKTISCHE HINWEISE:

- Der Rundgang beginnt an der MRT-Station Chinatown.
- Während dieser Tour sind Sie bei tropischer Schwüle viel im Freien unterwegs. Legen Sie öfters eine Rast im Schatten oder in klimatisierten Räumen ein und nehmen Sie genügend Flüssigkeit zu sich.
- Zur Stärkung finden Sie immer wieder typische kleine Restaurants oder Sie ordern einen schnellen Imbiss an einem der Stände in den Hawker Stalls > **Seitenblick S. 46.**

Karte S. 105

Göttergewimmel am Sri Mariamman Temple

TOUR-START: SRI MARIAMMAN TEMPLE 1 8 D5

Ein indischer Tempel mitten in Chinatown! Der älteste Hindutempel Singapurs, der Göttin Mariamman gewidmet, wurde im Jahr 1827 von einem reichen Kaufmann zunächst aus Holz errichtet und später durch ein Steingebäude ersetzt. Die Außenmauer des Baus reicht von der Pagoda bis zur Temple Street. Nehmen Sie in der MRT-Station den Ausgang zur Pagoda Street. Der Eingang befindet sich an der South Bridge Road. Weithin sichtbar ist der für Hindutempel typische, von Götterfiguren bevölkerte Torturm › Seitenblick S. 117. Hinein kommt man nur barfuß. Wer im Innern fotografieren möchte, muss eine Gebühr entrichten (244 South Bridge Rd., tgl. 7–11.30, 18–20.45 Uhr, www.smt.org.sg). › mehr S. 16 Punkt 32

SPAZIERGANG DURCH TYPISCHE GASSEN

Schräg gegenüber bei **Eu Yan Sang** suchen Chinesen ihr Heil bei exotischen Kräutern, die in der traditionellen, aber modern eingerichteten Apotheke gegen allerlei Wehwehchen verordnet werden. › mehr S. 17 Punkt 34 Werfen Sie einen Blick ins Innere, wo Ihnen aromatische Düfte in die Nase steigen und Schautafeln Wissenswertes über Ginseng und andere Naturheilmittel verkünden (269 South Bridge Rd., www.euyansang.com.sg). Die sehr aufgeräumte **Teck Soon Medical Hall** ein paar Häuser weiter verkauft auch getrocknete Meeresfrüchte (281 South Bridge Rd., www.tecksoon.com).

Biegen Sie hier ab in die leicht ansteigende Gasse **Ann Siang Hill** 2 D5. Auf der rechten Seite sehen Sie ein altes dreistöckiges Gebäude mit glänzenden, grünen Dachziegeln über den Eingängen, von denen sich bei Regen das Wasser gleich einem Vorhang nach unten ergießt. »So bleibt das Geld im Haus«, meinen Feng-Shui-gläubige Chinesen.

An der nächsten Ecke geht es in die **Club Street**, benannt nach den vielen Klubhäusern, die einzelne Dialektgruppen im frühen 19. Jh. eingerichtet hatten – damals für Einwanderer aus den jeweiligen chinesischen Regionen wichtige Anlaufstellen. Hinter den historischen Fassaden haben sich Restaurants wie das empfehlenswerte Savanh Bistro & Lounge €€ (47 Club St., Tel. 6325 8529) und Bars wie Wine, Tapas and Friends (49 Club St., Tel. 6221 5132) eingerichtet.

FAR EAST SQUARE 3 D5 UND CHINA SQUARE CENTRAL 4 D5

Jenseits der dicht befahrenen Cross Street (Achtung: der nächste Fußgängerüberweg befindet sich ein Stück weiter links!) führt die China Street zu einem gastronomischen Zentrum, bestehend aus dem China Square Central, der überdachten Nankin Row und dem Far East Square gegenüber, ehemals das Gelände einer alten Schule. An den Tischen unter dem großen Glasdach sitzt man in klimatisiertem Ambiente, tagsüber sogar ohne auf Sonnenschein verzichten zu müssen (www.fareastmalls.com.sg).

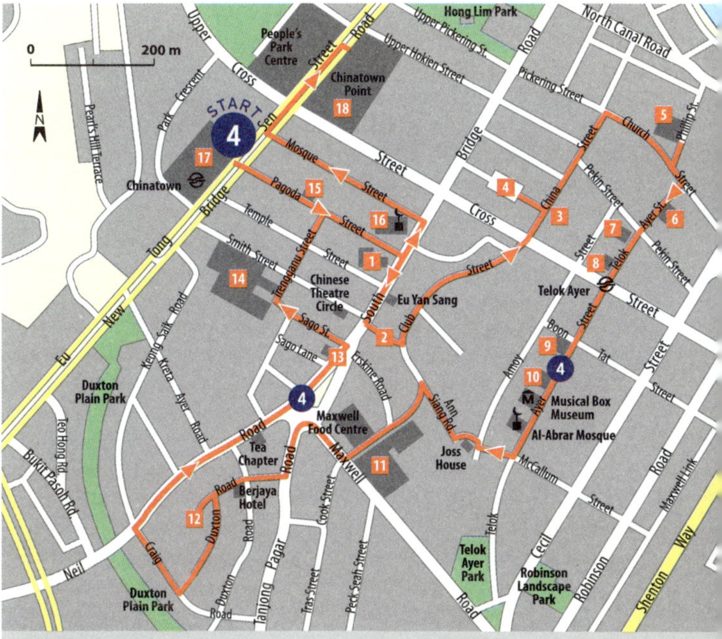

TOUR IN CHINATOWN

TOUR 4

TEMPEL, TEE & SHOP HOUSES

1 Sri Mariamman Temple
2 Ann Siang Hill
3 Far East Square
4 China Square Central
5 Wak Hai Cheng Bio Temple
6 China Square Food Centre
7 Fuk Tak Chi Museum
8 Ying Fo Fui Kun Club House
9 Nagore Dargha Shrine
10 Thian Hock Keng Temple
11 Singapore City Gallery
12 Duxton Hill
13 Buddha Tooth Relic Temple
14 Chinatown Complex
15 Chinatown Heritage Center
16 Jamae Mosque
17 People's Park Complex
18 Chinatown Point

Karte S. 105

Noch mehr Restaurants bieten die fein gemachten Shop Houses an der Pekin Street gleich dahinter. Lebendig wird es in dieser Gegend gegen Mittag, wenn die ersten Gäste zum Lunch kommen und draußen unter ausladenden Markisen Platz nehmen (18 Cross St., www.chinasquarecentral.com). Auch vis-à-vis, auf der anderen Seite der China Street, haben sich entlang der Nankin Row und unter einem Glasdach eine Reihe guter Restaurants angesiedelt, z. B. das Aglio Olio › S. 44.

Die meisten sanierten Häuser haben mit dem Umbau auch ihre Besitzer gewechselt. Entweder fehlten den alten Eigentümern die finanziellen Mittel oder sie konnten ihre Eigentumsrechte nicht zweifelsfrei nachweisen. Immer mehr Häuser werden auf Grund der horrenden Mieten nur noch kommerziell genutzt, z. B. von Notaren, Werbeagenturen, Tonstudios oder Anwaltskanzleien.

WAK HAI CHENG BIO TEMPLE 5 E5

Am Ende der China Street biegen Sie nach rechts in die dicht befahrene **Church Street** ab. Wechseln Sie an der nächsten Fußgängerampel die Seite, um in die **Phillip Street** zu gelangen. An der Ecke steht der taoistische Tempel aus dem Jahre 1826. Geradezu bizarr wirkt die direkte Nachbarschaft zu den modernen Hochhäusern im Geschäftszentrum am Singapore River (30B Phillip St., tgl. 7–17 Uhr, www.thengeeannkongsi.com.sg, Link »Community Services«).

TELOK AYER STREET NACH SÜDEN

Gleich zu Beginn der Telok Ayer Street (Nr. 51) bietet das mit preiswerten Imbissen angefüllte **China Square Food Centre** 6 E5 Gelegenheit zu einer Pause. Gegenüber zeigt das **Fuk Tak Chi Museum** 7 D5 in einem der ältesten chinesischen Tempel Singapurs von 1824 eine historische Ausstellung über die ersten Tempelbauten (Nr. 76, tgl. 10–22 Uhr, www.fareastmalls.com.sg). Ein Durchlass führt nebenan zum Far East Square › S. 105.

Ein Stück weiter steht das **Ying Fo Fui Kun Club House** 8 D5, das älteste dieser Art in Singapur, das bis heute die Kultur chinesischer Zuwanderer aus der Hakka-Region pflegt. Nach Überquerung der Cross Street fällt die palastartige Architektur des **Nagore Dargha Shrine** 9 D5 ins Auge. Das Heiligtum wurde 1830 als Grabmal für den islamischen Heiligen und Prediger Shahul Hamid erbaut. Heute beherbergt es ein kleines Museum zur Geschichte und Kultur der muslimischen Einwanderer aus Indien (Nr. 140, Mo–Fr 10–17.30, Sa 9 bis 13 Uhr, www.ndsingapore.com).

Gleich dahinter steht das reich geschmückte Eingangstor zum **Thian Hock Keng Temple** 10 ★ D5, dem ältesten und reizvollsten chinesischen Tempel der Stadt. Bereits 1821 stand hier ein Joss House, wie die althergebrachten Altarhäuschen genannt werden, errichtet von Einwanderern aus der Provinz Fukien für Ma Chu Po, die Schutzpatronin der Seeleute. Seit der umfangrei-

CHINESISCHE TEMPEL

Ein Tempelbesucher verbrennt Räucherstäbchen, um die Götter gnädig zu stimmen

Wenn Sie den Eindruck haben, in chinesischen Tempeln gehe es zu wie auf dem Wochenmarkt, haben Sie nicht einmal so Unrecht. Dort wird geschwatzt, hier gelacht, eine Familie packt gerade Essen aus, die Mutter schimpft mit ihrem ungezogenen Kind. Keine Spur von Andacht? Doch! Wenn die Gläubigen ihre drei Räucherstäbchen (symbolisch für Vergangenheit, Gegenwart und Zukunft) zum Gebet hochhalten, wenn sie vor den Gedenktafeln für ihre Ahnen die mitgebrachten Speisen verzehren und so ein gemeinsames Mahl mit den Toten zelebrieren. Religion ist scheinbar eine Art Spiel, das die Gläubigen mit ihren unzähligen Göttern im Tempel austragen. »Gibst du mir, so geb ich dir.« Opfergaben für einen guten Rat, den der Tempelwächter dann sogar schriftlich aushändigt. Populär ist auch der Handel mit den zwei reuigen Spielern, deren Statuen nichtsdestotrotz stets Zettel mit heißen Tipps fürs Zahlenglücksspiel in den Beuteln um den Hals tragen. Wer davon profitiert, lässt den beiden selbstverständlich ihren Anteil zukommen. Oder der Seegott, dem zur Verstärkung gerne zwei Wächter zur Seite gestellt werden: Der eine kann tausend Meilen weit sehen, der andere tausend Meilen weit hören. Jede Gottheit hat ihre Zuständigkeit. Entsprechend viele Statuen sind in chinesischen Tempeln vertreten: Buddha gehört natürlich dazu, der Kriegsgott, der Affengott und die Kaisergötter, nicht zu vergessen die Wächter und Wesen aus der Sagenwelt. Löwin und Löwe bewachen den Tempeleingang.

In der Singapore City Gallery zeigt ein riesiges Modell die Stadt der Zukunft

chen Landgewinnung liegt dieser Teil Singapurs nicht mehr an der Küste. Die heute großzügige Anlage stammt aus dem Jahr 1841, als zu Wohlstand gekommene Chinesen sich farbig glasierte Kacheln aus Holland und geschmiedetes Eisen aus Schottland leisten konnten (Nr. 158, tgl. 7.30–17.30 Uhr, kostenlose Führungen nach Bedarf, www.thianhockkeng.com.sg). mehr S. 13 Punkt 9 Gleich daneben hat sich das **Singapore Musical Box Museum** niedergelassen, ein Dorado für Liebhaber von (europäischen) Spieluhren (Nr. 168, Mi–Mo 10–18 Uhr, 12 S$). Im gleichen Gebäude verkauft Aster traditionelle Peranakan-Keramikfliesen.

Nur wenige Meter entfernt, aber leicht zu übersehen, steht der dritte Sakralbau auf der Telok Ayer Street: Die **Al-Abrar Mosque,** eine von südindischen Muslimen 1855 errichtete Nachbarschaftsmoschee, deren Gebetshalle etwa 500 Gläubigen Platz bietet (Nr. 192, nur von außen zu besichtigen). Dahinter füllt heute populäre Gastronomie die Räumlichkeiten der einstigen **Chung Hwa Free Clinic,** die lange für kostenlose medizinische Versorgung in Chinatown stand (Nr. 202).

ZUR SINGAPORE CITY GALLERY

Biegen Sie von der Telok Ayer Street jetzt rechts ab in die **Amoy Street.** An der Straßenkurve sehen Sie ein kleines buntes **Joss House** (Nr. 66) fürs Gebet zwischendurch. Links davon erstreckt sich ein großes Hawker Centre. Rechts vorbei (und etwas versteckt) führt am Joss House eine schmale, überdachte Gasse zu einer Treppe (Ann Siang Hill Park), die Sie hinauf zur Ann Siang Road und dem gleichnamigen Hügel bringt, der einst als bevorzugte Wohngegend galt. Wenden Sie sich nach links, vorbei an restaurierten Häusern, die zeigen, dass man aus Fehlern der ersten fantasielosen Totalsanierungen gelernt hat. Selbst die misslungene Restaurierung auf der rechts abzweigenden Erskine Road wurde korrigiert. Einen aufgeräumten Eindruck macht jetzt auch das volkstümliche **Maxwell Food Centre** auf der rechten Straßenseite, wo man sich mit allerlei chinesischen Köstlichkeiten stärken kann.

Linker Hand zeigt die **Singapore City Gallery** 11 D5 auf zwei Etagen, wie sich Singapur in den letzten 50 Jahren entwickelt hat und in Zukunft weiter entwickeln wird (45 Maxwell Rd., Mo–Sa 9–17 Uhr, Eintritt frei, www.ura.gov.sg/uol/citygallery). > mehr S. 15 Punkt 23

DUXTON HILL 12 ★ D5

Von der Tanjong Pagar Road (über die Maxwell Road zu erreichen) mit ihren zwei- oder dreistöckigen Shop Houses mit bunten Fensterläden und hübschen, einladenden Geschäften weist ein Schild den Weg zum rechter Hand ansteigenden Duxton Hill, einem vollständig restaurierten Viertel mit vielen guten Restaurants. Folgen Sie der Duxton Road und biegen rechts ab in die Craig Road, wo ein ebenso moderner wie monströser Wohnturm die nostalgische Architektur Chinatowns überschattet. Geradeaus, in der Keong Saik Road sowie in der parallelen Bukit Pasoh Road, führt der Weg abends zu einer anspruchsvollen Gastroszene. Biegen Sie jetzt rechts ab in die Neil Road.

NEIL ROAD

In diesem Viertel befand sich im frühen 19. Jh. das Fischerdorf Tanjong Pagar. In den Arkadengängen der restaurierten Zeile drängen sich Läden, dazwischen mehrere *eating houses,* wie die einfachen Restaurants in Singapur genannt werden. Im **Tea Chapter** (Nr. 9, So–Do

TEEZEREMONIE

Chinesen trinken ihren Tee nicht einfach, sie zelebrieren ihn. Zu Hause oder in speziellen Teehäusern, die verschiedene Teesorten zur Auswahl haben. Am teuersten ist gelber Tee, am billigsten grüner. Entscheidend für die Zubereitung ist die Temperatur des Wassers. Es muss 95 °C heiß sein, darf aber nicht kochen. Zunächst wird die winzige Teekanne angewärmt, bevor sie etwa bis zur Hälfte mit Teeblättern gefüllt wird. Der erste Aufguss dient der Reinigung des Tees. Anschließend wird Tee gebrüht. Schon nach 30 Sekunden wird die recht klare Flüssigkeit in schmale, schnapsglasgroße Porzellangefäße gegossen. Bloß noch nicht trinken! Zunächst darf nur das Aroma mit der Nase eingesogen werden. Als Trinkgefäße dienen winzige Porzellanschälchen, die elegant, nur von Daumen, Zeige- und Mittelfinger gehalten, zum Mund geführt werden. Nur Banausen leeren sie in einem großen Schluck, Chinesen nehmen drei.

Ein 5 m hoher vergoldeter Buddha thront in der Eingangshalle des Buddha Tooth Relic Temple

10.30–21, Fr, Sa bis 22.30 Uhr, www.teachapter.com) können Sie nicht nur Teegeschirr kaufen, sondern bekommen auch chinesischen Tee in einer aufwendigen Zeremonie serviert › **Seitenblick S. 109**.

BUDDHA TOOTH RELIC TEMPLE 13 D5

Jenseits der zweckmäßigen Wohnsilos der South Bridge Road erstrahlt an der Ecke Sago Street der 2007 erbaute Buddha Tooth Relic Temple in glänzendem Gold und schrillem Rot: ein gewaltiger Komplex, der auf der vierten Etage den mutmaßlichen Zahn Buddhas ausstellt. Wer sich der Reliquie nähern will, muss die Schuhe ausziehen. Allzu luftig bekleidete Frauen erhalten ein Tuch. Ein Fahrstuhl führt in den vierten Stock, eine Treppe dann zum Roof Garden (die Schuhe kann man anlassen), eine tropische Oase der Ruhe gleich neben dem Buddha Prayer Wheel. Im zweiten und dritten Stock sind buddhistische Kunst- und Ritualobjekte zu bewundern (288 South Bridge Rd., tgl. 7–19 Uhr, www.btrts.org.sg).

CHINATOWN COMPLEX UND UMGEBUNG

Die kleinen Läden in der **Sago Street** handeln immer noch mit traditionellen Waren, von getrockneten Seegurken bis hin zu chinesischem Heilöl (Nr. 16). Linker Hand führen Stufen hinauf zum 2019 aufwendig renovierten **Chinatown Complex** 14 D5. Während im Erdgeschoss die Händler mit Billigartikeln aus asiatischer Massenproduktion kaum noch zu tun haben, herrscht unten im Basement nach wie vor kunterbuntes Markttreiben mit allerlei Frischwaren. Doch keine Spur mehr vom traditionellen Wet Market (335 Smith St.).

Durchstreifen Sie nun die nach abgeschlossener Sanierung mit Souvenirläden überwiegend auf die Bedürfnisse der Touristen ausgerichteten Straßen Chinatowns, in denen sich ursprünglich unterschiedliche Branchen wie Schneider oder Korbflechter getrennt voneinander angesiedelt hatten: **Trengganu Street, Smith Street, Pagoda Street** und **Temple Street.** Abends ist hier auf dem 2017/2018 neu gestalteten **Chinatown Street Market** wesentlich mehr los als tagsüber (So–Do bis 23, Fr, Sa bis 1 Uhr). › mehr S. 12 Punkt 5 Falls Sie an der Smith Street vor Haus Nr. 76 eine Menschenschlange sehen sollten: Die Versammlung hat Appetit auf Liao Fan Hong Kong Soya Sauce Chicken Rice Noodles, als »world's cheapest Michelin street meal« mit einem Stern ausgezeichnet und nach wie vor ein Renner in der singapurischen Imbiss-Szene (Do–Di 10–20 Uhr).

Einen Besuch lohnt in der Smith Street (Nr. 5) der **Chinese Theatre Circle** mit Tea House (Di–Sa 12–17, So 14–18 Uhr) wo man Interessantes über die Chinesische Oper erfährt (Tel. 6323 4862, www.ctcopera.com). › mehr S. 12 Punkt 4 Zwei Straßen weiter befindet sich das informative **Chinatown Heritage Centre** 15 D5 (48 Pagoda St., tgl. 9.30–18.30 Uhr, 18 S$ inkl. Multimedia-Guide, einstündige geführte Touren 11.30, 13.30, 16.30, Sa nur 13.30 Uhr, 25 S$, www.chinatownheritagecentre.com.sg). Hier startet mittwochs um 9.30 Uhr auch die geführte Tour »Red Clogs on Five Foot Walkway« › Seitenblick S. 150.

Nur wenige Schritte sind es danach in die Mosque Street zur **Jamae Mosque** 16 D5 mit ihren markanten achteckigen Minaretten, in der südindische Muslime bereits seit 1835 das Grab eines heiligen Mannes verehren (Nr. 218, Sa–Do 10–18, Fr 10–12, 14.30–18 Uhr, 45-minütige Führungen, www.masjidjamaechulia.sg, auf angemessene Kleidung achten; der Dresscode erlaubt auch keine Shorts).

SCHICK SHOPPEN IN CHINATOWN

Nur wenige hundert Meter entfernt, an den stark befahrenen und parallel verlaufenden Verkehrsadern New Bridge Road und Eu Tong Sen Street, zeugen – standhaft dem lange prophezeiten Abriss trotzend – noch zwei mehrstöckige Einkaufszentren vom volkstümlichen Markttreiben, wie es einst typisch war für Chinatown: **People's Park Complex** 17 D5 (1 Park Rd., www.peoplesparkcomplex.com) und **Peoples Park Centre** (101 Upper Cross St., www.peoplesparkcentre.com) locken mit einem ebenso bunt gemischten wie preisgünstigen Sortiment nach wie vor die Einheimischen an. Gegenüber, jenseits der breiten Fahrspuren, strahlt der renovierte **Chinatown Point** 18 D5 als moderne Einkaufsadresse (www.chinatownpoint.com.sg).

LITTLE INDIA

In sämtlichen Farben schillernde Saris tragen dazu bei, dass Little India bunter wirkt als andere Stadtteile

Aromatisch duftet es nach Curry und anderen Gewürzen, golden glänzen die Auslagen der Schmuckgeschäfte und farbenprächtig ist das Pantheon indischer Gottheiten und Dämonen, das die Tortürme der Tempel ziert.

Würden Sie in Singapur immer streng der Nase nachgehen, müssten Sie zwangsläufig irgendwann in Little India im Norden des City Centre ankommen, so erfüllt ist das traditionelle indische Viertel von Currydüften und dem Aroma vieler anderer exotischer Gewürze. Doch Little India spricht nicht nur den Geruchssinn an, es ist auch eine Augenweide: in golddurchwirkte farbenprächtige Saris gehüllte, schwarzhaarige Schönheiten, schillernde Seide und glänzender Goldschmuck in den Auslagen. Lassen Sie sich in die exotische Welt des indischen Subkontinents entführen.

Auch Little India blieb nicht verschont von rabiaten Sanierungskonzepten, die alten Baubestand weniger erhalten als »auf alt getrimmt« erneuern – finanziert durch höhere Mieten. So sind viele alteingesessene Juweliergeschäfte in die modernisierte Tekka Mall umgezogen. Auf dem Zickzackkurs durch das Viertel werden Sie jedoch viele alte Straßenzüge passieren, deren maroder Zustand in der Tat nur noch eines zulässt: abreißen und neu bauen!

TOUR DURCH LITTLE INDIA

TOUR 5

SINGAPUR IN SARI UND SEIDE

VERLAUF: Tekka Centre › Little India Arcade › Serangoon Road › Sri Veeramakaliamman Temple › Sri Srinivasa Perumal Temple › Leong San See Temple › Temple of 1000 Lights

KARTE: Seite 115
DAUER: ca. 3 Std. zu Fuß

PRAKTISCHE HINWEISE:

- Gehen Sie zeitig los, so vermeiden Sie die Mittagshitze, außerdem sind am späteren Nachmittag viele Tempel geschlossen.
- Der Rundgang beginnt an der MRT-Station Little India.und endet nahe der MRT-Station Farrer Park.
- Sonntagabends wird es brechend voll im Viertel. Dann treffen sich in den Straßen Scharen von Gastarbeitern aus Indien, Sri Lanka, Nepal und Bangladesch, um in geselliger Runde ihren freien Tag ausklingen zu lassen.

Karte S. 115

TOUR-START: TEKKA CENTRE 1 E2

Lebendiges Markttreiben erfüllt den verschachtelten Shoppingkomplex. Schlagen Sie sich treppauf, treppab durch das faszinierende Gewirr von Händlern mit folkloristischen Textilien, Garküchen und kleinen Marktständen mit Blütenschmuck für den Tempelbesuch. Und lassen Sie den **Wet Market** ★ im Erdgeschoss nicht aus. Der Lebensmittelmarkt verdankt seine Bezeichnung den Wasserschläuchen, mit denen ständig der Boden abgespritzt wird, um die strengen Hygienevorschriften im Stadtstaat einzuhalten.

Mit etwas Orientierungssinn verlassen Sie das Tekka Centre an der **Buffalo Road,** die hinter dem Komplex parallel zur Bukit Timah Road verläuft. Hier grasten bis ins erste Drittel des 20. Jhs. tatsächlich noch »Kerbau«, wie Rinder bzw. Büffel im Malaiischen heißen. Wo einst mit Vieh gehandelt wurde, richteten indische Einwanderer später eine Geschäftsstraße ein – spezialisiert auf den Goldhandel. Noch immer gibt es hier Juwelierläden mit nach indischer Machart reich verziertem Goldschmuck in den Auslagen. Der Preis wird jeweils nach dem tagesaktuellen Goldwert berechnet.

LITTLE INDIA ARCADE 2 E2

Auch in der **Serangoon Road,** der Hauptader Little Indias, herrscht Handel und Wandel. › mehr S. 18 Punkt 38 In den Läden, wo sich die Inderinnen Stoff für ihre leuchtenden Saris besorgen, stapeln sich bunte Tuchballen. An der Ecke zur Campbell Lane überdacht die Little India Arcade alle möglichen mit Schmuck, Textilien und Naschereien angefüllten Läden. Drumherum servieren Restaurants unterschiedliche Variationen der indischen Küche, z. B. das populäre **Banana Leaf Apolo** (54 Race Course Rd.). › mehr S. 14 Punkt 14 und S. 34.

Das moderne **Indian Heritage Centre** 3 F3 dokumentiert die Geschichte des Stadtteils und widmet sich auch der Rolle, die Singapurs drittgrößte Bevölkerungsgruppe in der Gegenwart spielt (5 Campbell Lane, Di–Do 10–19, Fr, Sa 10–20, So 10–16 Uhr, 6 S$, Führungen Di–Fr 12, Sa, So 14 Uhr, www.indianheritage.org.sg).

DURCH KLEINE GASSEN

Ein kleiner Schlenker von der Serangoon Road führt Sie durch ein Gewirr ganz typischer Gassen: Zunächst die **Dunlop Street,** wo kleine, bis unter die Decke vollgepfropfte Geschäfte im Rahmen des **Little India Conservation Project** nach und nach glatt polierten Fassaden mit übersichtlichen Verkaufsräumen Platz machen sollen. Über die Clive Street kommen Sie in die Upper Weld Road. An der nächsten Kreuzung wenden Sie sich scharf nach links in die **Cuff Road,** wo hinter restaurierten Fassaden weitere indische Restaurants residieren.

SRI VEERAMAKALIAMMAN TEMPLE 4 ★ E2

Der 1881 erbaute Hindutempel ist vermutlich der bekannteste Singapurs. Einfach fantastisch: Über dem

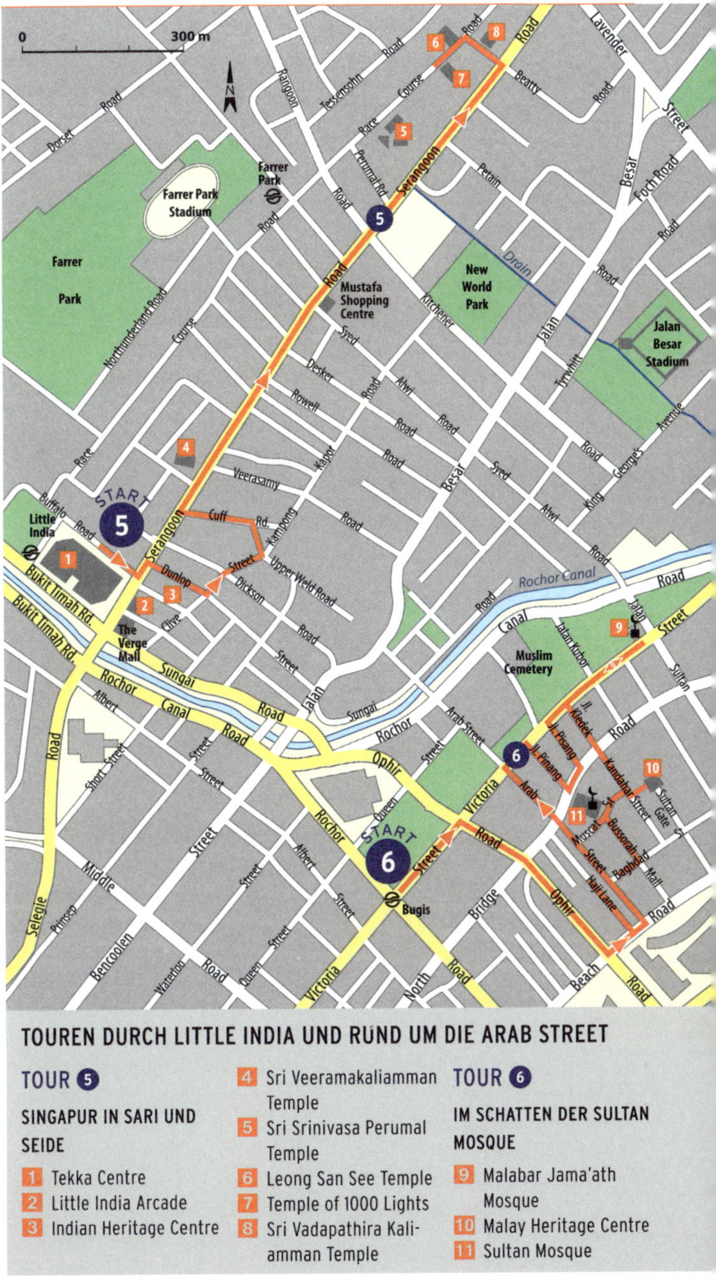

TOUREN DURCH LITTLE INDIA UND RUND UM DIE ARAB STREET

TOUR 5

SINGAPUR IN SARI UND SEIDE

1 Tekka Centre
2 Little India Arcade
3 Indian Heritage Centre
4 Sri Veeramakaliamman Temple
5 Sri Srinivasa Perumal Temple
6 Leong San See Temple
7 Temple of 1000 Lights
8 Sri Vadapathira Kaliamman Temple

TOUR 6

IM SCHATTEN DER SULTAN MOSQUE

9 Malabar Jama'ath Mosque
10 Malay Heritage Centre
11 Sultan Mosque

GRATIS ENTDECKEN

- Allabendlich brilliert die Marina Bay bei der **Spectra – Light & Water Show** in sämtlichen Farben. Das 15-minütige Laser-Schauspiel (So–Do 20 und 21, Fr, Sa 20, 21 und 22 Uhr) kann man sehr gut vom Merlion Park > **S. 78** aus beobachten oder von den Restaurant-Terrassen des Marina Bay Sands > S. 89 auf Level 1 (Bay Level).
- Täglich zu festgesetzten Zeiten kommt die **Fountain of Wealth** in Wallung, dann ergießt sich der riesige Springbrunnen in spritzigen Fontänen. Abends wird das Spektakel getoppt von einer zusätzlichen Laser-Show > **S. 89**.
- Die beeindruckende Light & Sound Show **Garden Rhapsody** im Supertree Grove der Gardens by the Bay findet täglich um 19.45 und 20.45 Uhr statt > **S. 90**.
- Besucher der **Marina Barrage** erfahren bei kostenlosen Führungen staunend, welchen Aufwand die Wasserversorgung Singapurs erfordert (Anmeldung unter Tel. 6514 5959) > **S. 90**.
- Unternehmen Sie einen Spaziergang durch die wunderschönen **Botanic Gardens**. Eintritt wird, außer für die Orchideenausstellung, nicht erhoben > **S. 99**.
- Die **Singapore City Gallery** zeigt anschaulich, wie rasant die Stadt sich verändert hat und noch verändern wird. Eindrucksvoll – und völlig gratis > **S. 109**.

Eingangstor türmt sich eine Pyramide bunt bemalter Götterfiguren. Im Inneren fasziniert die zierliche schwarze Statue der Göttin Kali, eine Verkörperung der Gattin Shivas (141 Serangoon Rd., tgl. 6.30–12, 16–21, Fr, Sa 6.30–12, 16–21.30 Uhr, www.srivkt.org).

Entlang der Serangoon Road laden die belebten Seitenstraßen zu kurzen Abstechern ein, vor allem die **Rowell** und die **Desker Road.**

SRI SRINIVASA PERUMAL TEMPLE 5 E1

Der 1855 am nördlichen Abschnitt der Serangoon Road erbaute Tempel ist Vishnu (tamilisch: Perumal) gewidmet, der in seinen verschiedenen Inkarnationen den Torturm ziert. Die Thaipusam-Prozession nimmt hier ihren Anfang. Ein reicher indischer Unternehmer ließ den Bau in den 1960er-Jahren vollständig erneuern (397 Serangoon Rd., tgl. 6–12, 18–21 Uhr, www.sspt.org.sg).

LEONG SAN SEE TEMPLE 6 E1

Im Norden von Little India haben Buddhisten ihre Heiligtümer errichtet: Wo die Beatty Road in die Race Course Road mündet, steht der 1917 erbaute »Tempel des Drachenberges«; goldene Drachenfiguren schmücken das ockerfarbene Ziegeldach. Im reich verzierten Inneren wird Kwan Yin verehrt, die Göttin der Barmherzigkeit. Der hintere Raum ist den Verstorbenen gewidmet; hier können Sie beobachten, wie Angehörige den Toten Speiseopfer darbringen (371 Race Course Rd., tgl. 7.30–17 Uhr).

TEMPLE OF 1000 LIGHTS 7 E1

Gegenüber ein Tempel der Superlative, in dem ein 15 m hoher sitzender Buddha nach Einwurf von fünf Dollar im Licht von 1000 Glühbirnen erstrahlt. Unterhalb der riesigen Figur ist der Eingang in eine nachgebildete Höhle, in der der sterbende Buddha dargestellt ist. Der Tempel ist das Lebenswerk eines thailändischen Mönches, der 1976 starb. Er brachte auch das Stück Rinde mit – angeblich von dem Baum, unter dem Buddha die Erleuchtung fand –, das hier als Reliquie verehrt wird (366 Race Course Rd., tgl. 8–16.45 Uhr).

Geld bringt den Buddha im Temple of 1000 Lights zum Leuchten

SRI VADAPATHIRA KALIAMMAN TEMPLE 8 E1

Wer jetzt wieder Lust auf Hindu-Heiligtümer hat, folgt der Serangoon Road noch ein Stück weiter nach Norden zu diesem 140 Jahre alten Tempel, den ein Sponsor 1969 aufwendig instand setzen ließ, wofür er Künstler und Architekten aus Südindien herbeiholte (555 Serangoon Rd., tgl. 6–12, 16.30–21 Uhr, www.srivadapathirakali.org).

INDISCHE TEMPEL

Das Innere dürfen Sie keinesfalls mit Schuhen betreten. Aber zunächst werden Sie ohnehin von außen den farbenprächtigen Gopuram bewundern, den für südindische Tempel charakteristischen Torturm mit seinen Götterfiguren. Auch drinnen wimmelt es von Abbildungen und Darstellungen aus der unübersichtlichen Götterwelt der Hindus. Zentral postiert, in einem üppig dekorierten Schrein, ist jeweils die von anderen Statuen bewachte Gottheit, der der Tempel geweiht ist. Der meist mit Blüten, edlen Stoffen oder glänzenden Metallen geschmückten Statue bringen die Gläubigen Opfer dar, häufig aufgeschlagene Kokosnüsse, deren weißes Fleisch Reinheit symbolisiert. Es herrscht ein ständiges Kommen und Gehen. Gläubige, die sich auf den Boden legen, geben sich dem Gott bedingungslos hin. Dem Brahmanen, dem Hindupriester, obliegen als Vermittler zwischen Göttern und Gläubigen unzählige Rituale, insbesondere bei den regelmäßigen Tempelfesten.

RUND UM DIE ARAB STREET

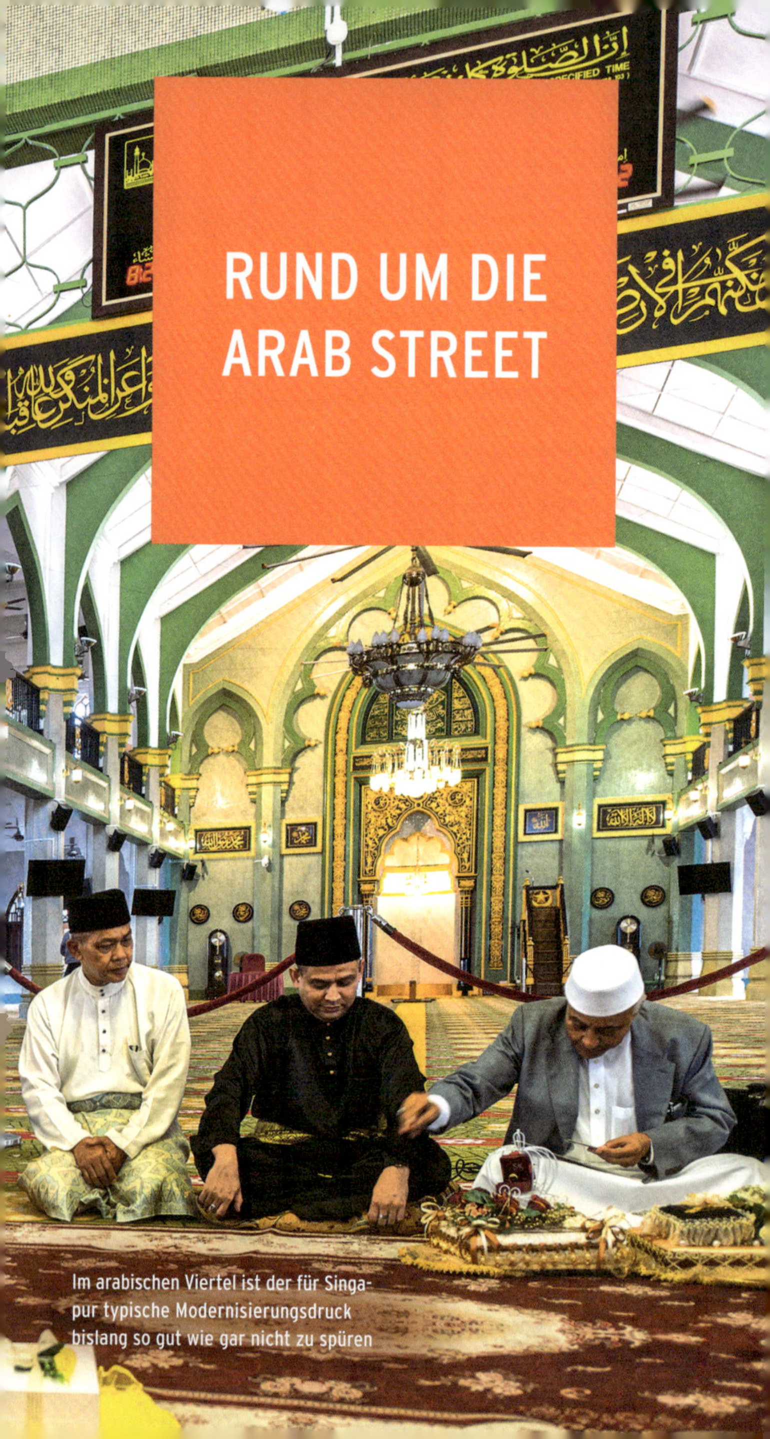

Im arabischen Viertel ist der für Singapur typische Modernisierungsdruck bislang so gut wie gar nicht zu spüren

Die Gehsteige gleichen einem Basar, vom Minarett der Sultan Mosque ruft der Muezzin zum Gebet – ein Spaziergang durch das Viertel um die Arab Street bietet viel Atmosphäre. In Kampong Glam lernt man Singapurs islamisches Erbe kennen.

Die Gegend am Rochor River hieß zu Zeiten des Sultans von Johor Kampong Glam – aus dem *glam tree,* einer hier heimischen Baumart, baute man Schiffe. Hierhin zog sich der malaysische Herrscher zurück, nachdem er Singapur an die Briten abgetreten hatte. Die Malaien, die hier wohnten, und die Einwanderer aus Arabien, Pakistan, Indien und von den indonesischen Inseln waren Muslime. So entstand schon früh ein rein islamisches Viertel. Der Volksmund benannte es bald nach der zentralen Arab Street. Bis heute herrscht auf den Bürgersteigen und in den Gassen ein reges Treiben wie auf einem lebendigen Basar, begleitet von den Rufen des Muezzins.

TOUR DURCH DAS VIERTEL

TOUR 6

IM SCHATTEN DER SULTAN MOSQUE

VERLAUF: Beach Road > Haji Lane > Arab Street > Jalan Pinang > Jalan Pisang > Kandahar Street > Malay Heritage Centre > Muscat Street > Sultan Mosque/Masjid Sultan > Bussorah Mall > Baghdad Street

KARTE: Seite 115
DAUER: ca. 3 Std. zu Fuß
PRAKTISCHE HINWEISE:

- Die MRT-Station Bugis liegt nur wenige hundert Meter von der Beach Road entfernt.

TOUR-START: SHOP HOUSES UND STRASSENHÄNDLER

Kaum zu glauben, aber wahr: Die **Beach Road** verlief ursprünglich dicht am Wasser, bis groß angelegte Landgewinnungsprojekte in den 1840er- und erneut in den 1880er-Jahren die Meeresküste in weite Ferne verbannten. Erkunden Sie die engen, dicht bebauten Gassen, die kurz hintereinander abzweigen. Zwar wird auch hier saniert, allerdings lange nicht so radikal wie früher in Chinatown. Immer noch riecht es nach angebranntem Reis und aromatischer Speisewürze. Und geradezu ursprünglich wirkt die enge Häuserschlucht der **Haji Lane** ★. Hier und in der parallel verlaufenden **Bali Lane** haben sich inzwischen aber etliche Boutiquen, Bars und Cafés niedergelassen.

Der Hauptschauplatz orientalischer Geschäftigkeit ist die **Arab Street.** Rechts und links drängeln sich unter Arkaden die Händler mit Korb-, Leder- und Messingwaren, mit Batikstoffen und muslimischer Bekleidung. Die Warenmengen würden viele Ladenlokale sprengen. Zum Glück gibt es noch den *five foot way,* den fünf Fuß (ca. 1,5 m) breiten Gehweg unter den Arkaden, der dicht mit Auslagen bestückt ist. Da bleibt man schnell mal an einem Gestell mit Ledertaschen hängen oder verfängt sich im Netz aufgereihter Batikschals.

GOLDENE KUPPEL ÜBER BASARGASSEN

Über die **Victoria Street** geht es nun in die schmale Gasse **Jalan Pinang,** die den Blick freigibt auf die goldglänzende Kuppel der Sultan-Moschee > Abb. S. 121. Betreten können Sie diese aber nur von der anderen Seite, weshalb der Rundgang die Moschee zunächst rechts liegen lässt und nach links in die **North Bridge Road** führt, eine belebte Einkaufsstraße, wo Sie nicht lange nach originellen Souvenirs suchen müssen. Die in Singapur generell seriösen Geldwechsler sind hier auch vertreten.

Noch tiefer in die bizarre Welt der Basargassen tauchen Sie ein, wenn Sie einen kurzen Zickzackkurs einschlagen: erst links in die **Jalan Pisang,** dann rechts in die Victoria Street und wieder rechts in die **Jalan Kledek.** Sehen Sie in den einfachen Restaurants der Roti-Prata-Show zu: Aus Teigklumpen werden mittels akrobatischer Schleuderbewegungen hauchdünne Fladen, die, auf heißem Blech gebacken, anschließend gezuckert oder scharf gewürzt, auch noch lecker schmecken, z. B. bei **Zam Zam** (697–699 North Bridge Rd./Ecke Arab Street, tgl. 7–23 Uhr, www.zamzamsingapore.com).

MALABAR JAMA'ATH MOSQUE UND MUSLIM CEMETERY 9

Ein kleiner Abstecher führt zur Ecke Victoria Street/Jalan Sultan, wo die blau gekachelte, von einer goldenen Kuppel bekrönte Malabar-Moschee ins Auge fällt. Sie wurde von 1956 bis 1963 als Gebetshaus der Malabar-Muslime aus dem südindischen Kerala erbaut, an der Stelle eines älteren Vorgängerbaus. Entlang der Jalan Kubor erstreckt sich ein alter muslimischer Friedhof, der schon lange bestand, bevor Sir Stamford Raffles in Singapur anlegte. Bedeutende Persönlichkeiten des 19. und 20. Jhs. liegen hier begraben, darunter Nachkommen von Hussein Shah, Sultan von Johor-Riau. Die unterschiedlichen Schriften auf den Grabsteinen spiegeln die damalige kulturelle Vielfalt von Kampong Glam wieder (471 Victoria St., www.malabar.org.sg).

MALAY HERITAGE CENTER

10 F3

Wieder an der Jalan Kledek angelangt, überqueren Sie die North Bridge Road und folgen der Kandahar Street bis zum **Istana Kampong Glam,** dem alten Sultanspalast. Wo im 19. Jh. der Sultan von

Johor-Riau residierte, ist heute das **Malay Heritage Centre** mit interessanten Ausstellungen zur Kultur und Lebensweise der malaiischen Bewohner Singapurs untergebracht (85 Sultan Gate, Di–So 10–18 Uhr, 6 S$, kostenlose Führungen Di–Fr 11, Di, Do und Sa auch 14 Uhr, www.malayheritage.org.sg).

SULTAN MOSQUE 11 9 F3

Wenn Sie anschließend in die **Muscat Street** abzweigen, haben Sie die größte Moschee und zugleich das islamische Zentrum des Stadtstaates weiträumig umrundet. Bereits 1824 befand sich an dieser Stelle ein muslimisches Gebetshaus, der heutige Bau wurde von

Das islamische Zentrum des Stadtstaates ist die goldüberkuppelte Sultan Mosque

1924 bis 1928 errichtet. Von dem auffälligen Kuppelbau erschallt fünfmal am Tag der Ruf des Muezzins. Alle Gläubigen, die daraufhin in die Moschee wollen, nehmen an speziellen Wasserbecken die rituelle Waschung vor. Erst dann betreten sie den Gebetsraum, der meist mit Teppichen ausgelegt ist, um sich gen Mekka zu verbeugen. Frauen und Männer sind dabei stets voneinander getrennt. Während die Männer unten auf den Teppichen ihre Gebete sprechen, nehmen die Frauen oben auf der Empore ihren Platz ein.

Der Islam kennt keine bildlichen Darstellungen Gottes, die verehrt oder angebetet werden. Entsprechend nüchtern wirkt das Innere der Moschee.

So streng wie die Regeln für Muslime sind die Vorschriften für Besucher der Moschee: Die dürfen nur in den Vorraum und auch das nur in schicklicher Kleidung, d.h. sowohl Schultern als auch Arme und Beine müssen bedeckt sein; Frauen können sich bei Bedarf am Eingang einen langen Umhang ausleihen. Fotografieren ist (ohne Einsatz von Blitzlicht) erlaubt, Filmen nur mit Genehmigung.

Im Fastenmonat Ramadan gehen rund um die Moschee zahlreiche Imbissstände in Stellung, um nach Sonnenuntergang den Riesenappetit der Gläubigen zu stillen. Nach Einbruch der Dunkelheit wird der Bau in wechselnden Farben illuminiert, den besten Blick darauf hat man von den Restaurants in der North Bridge Road aus (3 Muscat St., Haupteingang 14 Bussorah St., Fr 14.30–16, sonst 10–12, 14–16 Uhr, www.sultanmosque.sg).

HISTORISCHER KERN

Verlassen Sie den Moscheebezirk über die **Bussorah Mall,** eine verkehrsberuhigte Allee mit Palmen und hübsch restaurierten Häusern. Hier hat Kampong Glam seinen historischen Kern, der seit 1989 unter Denkmalschutz steht.

An der abzweigenden **Baghdad Street** stehen schöne alte, zweigeschossige Shop Houses. Die Nase sollten Sie in das Ladenlokal mit der Hausnummer 728 stecken: Die blumigen, individuell zusammengestellten Parfümmischungen von **Jamal Kazura Aromatics** sind ein originelles Mitbringsel (größere Zweigstelle: 21 Bussorah Mall/Ecke Baghdad Street). > mehr S. 17 Punkt 36

ARABISCHER LIFESTYLE

Lassen Sie sich beim Umherflanieren ruhig aufhalten und bestellen Sie einen Tee in einem der einfachen Cafés, an deren Tischen fast nur Männer sitzen. Viele Lokale bieten draußen auch Wasserpfeifen an, was vor allem abends viele Gäste anlockt – Einheimische wie Touristen. Die Frauen in dem Viertel haben meist nach islamischer Sitte ihr Haar bedeckt, einige tragen zusätzlich einen Schleier vor der unteren Gesichtshälfte.

GEYLANG SERAI UND KATONG

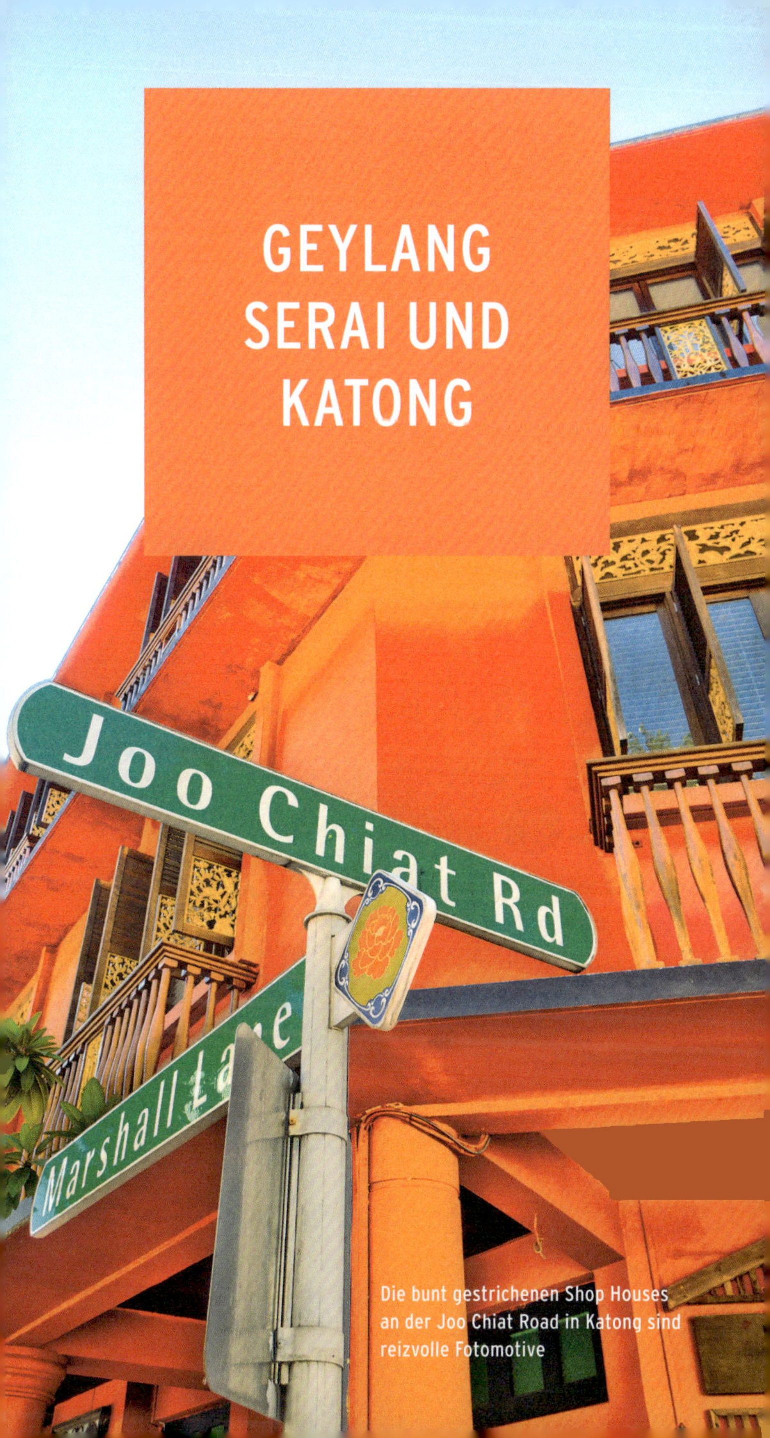

Die bunt gestrichenen Shop Houses an der Joo Chiat Road in Katong sind reizvolle Fotomotive

Karte S. 125

Die Welt der Malaien und ein bunter Markt erwarten Sie in Geylang Serai. In Katong haben die Peranakan prachtvolle Bauten hinterlassen, und als kulinarisches Highlight zum Schluss lockt exquisites Seafood auf Terrassen am Wasser.

Auf den Straßen in **Geylang Serai** dominieren bunt gekleidete Frauen und Mädchen, die nach islamischer Sitte das Haar mit Tüchern oder Hauben bedeckt halten, und viele Männer tragen noch die traditionellen, um die Hüfte gewickelten Sarungs. Tief in die malaiische Welt dringen Sie ein auf den bunten Märkten. Im Stadtteil **Katong** haben die einst hier ansässigen Peranakan ihre Spuren hinterlassen. Sie gehen durch urige Einkaufsstraßen mit alten, prachtvollen Bauten, aber auch durch Gegenden, in denen wohlhabende Singapurer in modernen Einfamilienhäusern leben. In kleinen Lokalen wird Laksa angeboten, eine Singapurer Spezialität, die in Katong erfunden wurde: eine scharfe Kokos-Curry-Suppe mit Nudeln und Garnelen.

TOUR DURCH DIE VIERTEL

TOUR 7

ERBE DER MALAIEN & PERANAKAN

VERLAUF: Wisma Geylang Serai > Geylang Serai Market > Joo Chiat Road > Koon Seng Road > Sri Senpaga Vinayagar Temple > Katong Shopping Centre > East Coast Park

KARTE: Seite 125
DAUER: 4 Std. zu Fuß
PRAKTISCHE HINWEISE:

- Starten Sie von der MRT-Station Paya Lebar. Vom East Coast Park geht es per Taxi zurück.

TOUR-START: WISMA GEYLANG SERAI / MALAY CULTURAL CENTRE 1

Das neue Gemeindezentrum auf dem Gelände des alten Malay Village widmet sich in einigen Räumen auch der Geschichte und Kultur der Malaien. Für Touristen interessant sind in erster Linie die Folkloreveranstaltungen, die zu unterschiedlichen Zeiten auf der großen Bühne stattfinden. Eine Fußgängerbrücke verbindet das Zentrum mit dem Geylang Serai New Market.

GEYLANG SERAI NEW MARKET 2 ★

Serai ist das malaiische Wort für Zitronengras. Die Gewürzpflanze, in der malaiischen Küche unverzichtbar, wurde hier früher auf Plantagen angepflanzt. Nehmen Sie sich Zeit, den als traditionelles Kampong-Haus gestalteten Markt zu durchstreifen. Das bunte und laute Treiben in dem Labyrinth von Ständen, die unter der Masse von Stoffen, Modeschmuck und Haushaltswaren eigentlich zusammenbrechen müssten, ist hier ein lebendiges Stück Alltagskultur. Auf dem Lebensmittelmarkt steigt Ihnen an jeder Ecke ein anderes Gewürzaroma in die Nase. Und die Imbissstände im zweiten Stock mit Spezialitäten wie *pedas stingray* (sauer-scharfer Rochen), *beef rendang* (Rindfleisch-Curry mit Kokosnuss) oder *goreng pisang* (frittierte Bananen) lassen einem das Wasser im Mund zusammenlaufen. Am lebhaftesten ist der Markt am Morgen und im Ramadan nach Sonnenuntergang (15 Geylang Serai, tgl. von frühmorgens bis abends, im Ramadan bis spät nachts).

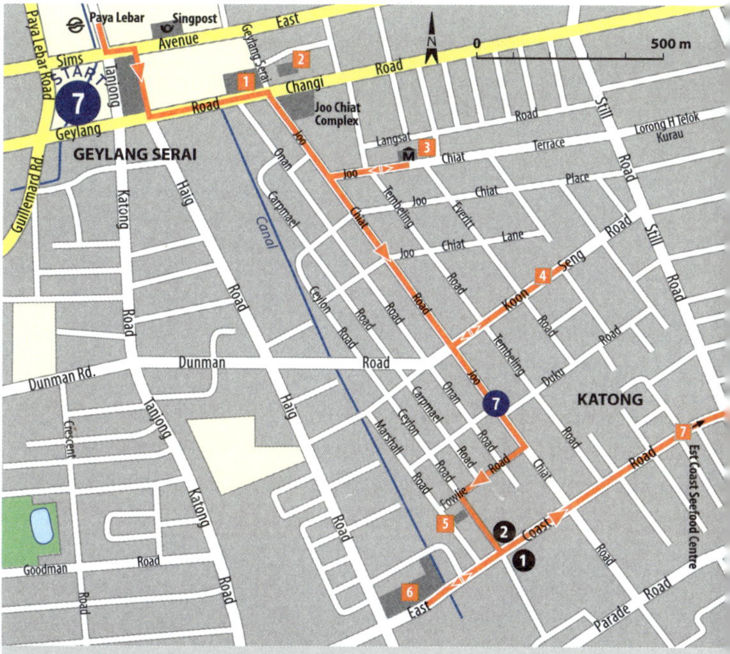

TOUR DURCH GEYLANG SERAI UND KATONG

TOUR 7

ERBE DER MALAIEN & PERANAKAN

1 Wisma Geylang Serai / Malay Cultural Centre
2 Geylang Serai New Market
3 The Intan
4 Koon Seng Road
5 Sri Senpaga Vinayagar Temple
6 Katong Shopping Centre
7 East Coast Park

Aufwändig verzierte Peranakan-Häuser säumen die Koon Seng Road

JOO CHIAT ROAD

Geschäftiges Treiben auch im benachbarten **Joo Chiat Complex,** allerdings mit weit weniger exotischem Flair. Dafür findet man noch viele traditionelle Handwerksberufe entlang der Joo Chiat Road, wo sich in engen Shop Houses Geschäft an Geschäft reiht und einige von Chinesen betriebene, traditionelle Kleinbetriebe ihre Werkstätten haben. Ein Abstecher links in die Joo Chiat Terrace führt zum Peranakan Museum **The Intan** 3 von Alvin Yapp. Seine Hommage an die Kultur der Peranakan › S. 29, 34, 67 präsentiert sich als stilecht eingerichtetes Wohnhaus und Museum zugleich. Teil der mindestens einstündigen Führung ist auch eine Teezeremonie (69 Joo Chiat Tce., nur nach Voranmeldung unter Tel. 6440 1148, mind. 2 Pers., 60 S$/Pers., ab 6 Pers. 45 S$/Pers., www.the-intan.com).

Kulinarisch abrunden kann man das Erlebte anschließend im **Chilli Padi Nonya Restaurant** (11 Joo Chiat Pl.). Nur wenige Schritte weiter empfiehlt sich **Guan Hoe Soon** (40 Joo Chiat Pl.) als gute Adresse für eine leckere Laksa › S. 34.

KOON SENG ROAD 4

Zurück auf der Joo Chiat Road lohnen Abstecher zu beiden Seiten, auf jeden Fall in die links abzweigende Koon Seng Road mit stattlichen Wohnhäusern der einstigen Peranakan-Bevölkerung › S. 67. Die gehörte zum singapurischen Geldadel des 19. Jhs., wovon die mit wertvollen farbigen Kacheln verzierten Fassaden zeugen. Die Umrisse der Belüftungsöffnungen über den Fenstern im Parterre sind Glück bringenden Fledermäusen nachempfunden.

SRI SENPAGA VINAYAGAR TEMPLE 5

Im weiteren Verlauf der Joo Chiat Road passieren Sie einige Nachtbars. Dennoch ist auch Platz für einen Tempel der hier ansässigen kleinen Hindugemeinde in einer Seitenstraße, der Ceylon Road. Im Innern wird Ganesha verehrt, der elefantenköpfige Gott der Weisheit. Die vier Granitsäulen der Haupthalle zeigen ihn in unterschiedlichen Erscheinungsformen (19 Ceylon Rd., tgl. 6–12.30, 17.30–23 Uhr, www.senpaga.org.sg).

ZWISCHENSTOPP: RESTAURANTS

Wenn Sie am Ende der Ceylon Road oder Joo Chiat Road nach links in die East Coast Road abbiegen, müssen Sie nicht weit laufen und Sie kommen an einigen Restaurants vorbei, die schmackhafte indische Küche und Singapurs Nationalgericht Laksa servieren. › mehr S. 15 Punkt ⓳

The Original Katong Laksa ❶ €

Hier werden seit über 60 Jahren ausgezeichnete Laksa-Gerichte serviert.

- 50 East Coast Rd. (Roxy Square) Tel. 9622 1045

328 Katong Laksa ❷ €

In Sachen Laksa ebenfalls seit Langem eine Institution.

- 51 East Coast Rd. | Tel. 9732 8163 Filiale: 216 East Coast Rd.

EAST COAST ROAD

Falls Sie jetzt Lust auf einen Einkaufsbummel in klimatisierter Umgebung haben, kommt das **Katong Shopping Centre** 6 an der East Coast Road gerade recht, Singapurs erstes Shoppingcenter mit Aircondition, erbaut 1973. Drinnen werden auch Vogelnester aufgetischt › S. 35. Mehrere Schneider unterhalten hier Werkstätten.

Bei **Rumah Kim Choo** € (111 East Coast Rd., www.kimchoo.com) gibt es tolle *rice dumplings* zum Mitnehmen und im 1. Stock alles, was mit Peranakan-Esskultur zu tun hat.

Alten Schmuck aus der Peranakan-Zeit und andere ungewöhnliche Souvenirs kann man bei **Rumah Bebe** (Nr. 113, www.rumahbebe.com) bestaunen oder kaufen. › mehr S. 17 Punkt ㉟ Einen Besuch lohnen auch die Antiquitätenhändler.

EAST COAST PARK 7

Wer gut zu Fuß ist, sollte noch die 3 km bis zur Küste laufen (alternativ nimmt man ein Taxi), wo Spaziergängern auf Wegen im Grünen eine frische Meeresbrise ins Gesicht weht und Fitnesswütige attraktive Sportparcours vorfinden. Abends ist die Gegend wegen der Ansammlung guter Seafood-Restaurants sehr populär › Seitenblick unten. Gäste sind auch jene, die sich beim Wakeboarden (www.singaporewakepark.com) oder auf den Rampen des Xtreme Skate Park verausgabt haben. Man kann auch Räder und Inlineskates leihen und auf den gut ausgebauten Wegen durch den Park kurven (www.coastlineleisure.com.sg).

SEAFOOD-PARADIES

Wo es am vollsten ist, isst es sich oft auch am besten, z. B. bei Jumbo Seafood (#01-07/08, www.jumboseafood.com.sg) oder bei Long Beach UDMC (#01-04, www.longbeachseafood.com.sg). Die ca. zehn Restaurants des East Coast Seafood Centre (1202 East Coast Parkway) liefern fangfrische Ware und servieren sie auf den Terrassen direkt am Wasser – eine tolle Atmosphäre. Sehr beliebt ist auf der anderen Seite der Lagune das East Coast Lagoon Food Village mit 50 Hawker Stalls, ebenfalls direkt am Strand.

SENTOSA

Singapurs Vergnügungsinsel Sentosa gibt auch Gelegenheit zu einem entspannten Tag am Strand

Die Insel vor Singapurs Südküste ist ein einziger großer Freizeitpark, in dem garantiert keine Langeweile aufkommt. Mit der Ruhe – das bedeutet Sentosa übersetzt – ist es aufgrund des Besucherandrangs allerdings schon lange vorbei.

Von den Briten als Festung angelegt, wurde die knapp 400 ha große Insel vor der Südküste Singapurs in den 1970er-Jahren in einen attraktiven Freizeit- und Vergnügungspark umgewandelt. Die Organisation ist perfekt, denn nur so können die Besuchermassen, die am Wochenende auf der Insel einfallen, bewältigt werden. Packen Sie Badesachen ein und stürzen Sie sich möglichst während der Woche ins Vergnügen, dann herrscht weniger Betrieb.

ANFAHRT

- Mit der Hauptinsel ist Sentosa durch den **Sentosa Gateway** verbunden (je nach Tageszeit 2–6 S$ pro Pkw/Taxi).
- Parallel dazu verläuft der überdachte **Sentosa Boardwalk**, auf dem man die Insel bis vorerst Ende 2020 gebührenfrei zu Fuß erreichen kann (sonst 1 S$).
- Ab Mount Faber verkehrt die **Cable Car** nach Sentosa. Die 15-minütige Seilbahnfahrt führt nach einem Stopp an der MRT-Station Harbourfront bis zum Imbiah Lookout (tgl. 8.45–22 Uhr, ca. 33 S$ hin und zurück inkl. Sentosa-Eintritt).
- Von der MRT-Station Harbourfront ist es nicht weit zur Haltestelle des **Sentosa-Express** im Einkaufszentrum VivoCity (Lobby L, Level 3). Haltepunkte auf Sentosa sind Resorts World Station, Imbiah Station und Beach Station (tgl. 7–24 Uhr, 4 S$ inkl. Sentosa-Eintritt, zahlbar auch mit EZ-Link-Card).

TOUR AUF SENTOSA 10

TOUR 8

INSELHÜPFER INS VERGNÜGEN

VERLAUF: Imbiah Lookout > Images of Singapore > Butterfly Park > Fort Siloso > Skyline Luge > iFly > AJ Hackett Bungy Jump > Wings of Time > Merlion > Universal Studios

KARTE: Seite 131
DAUER: 1 Tag
PRAKTISCHE HINWEISE:

- Die kostenlosen **Buslinien A** (alle 7–15 Min.) und **B** (alle 20–35 Min.) verbinden ab Beach Station alle Punkte der Insel (tgl. 7–24 Uhr, Streckenverlauf siehe Island Map, erhältlich an den Ticketschaltern).
- In Strandnähe verkehrt zusätzlich die **Beach Tram**, ein aus einzelnen Waggons bestehender Minibus,

zwischen Siloso Point, Beach Station/Sentosa Express, Tanjong Beach und der Station Sentosa Luge (tgl. 9–22.30 Uhr, alle 10 Min.). Von dort kann man den Sessellift hinauf zum Imbiah Lookout nehmen (einfache Fahrt ca. 6 S$).

- Auf Sentosa gibt es drei unterschiedlich schwierige Fahrradrundwege, Räder können auch geliehen werden (Segway® Eco Adventure, Beach Station und Siloso Beach, tgl. 10–19.30 Uhr, 1 Std. 15 S$, 2 Std. 18 S$). Radfahrer zahlen wie Fußgänger bis vorerst Ende 2020 keinen Eintritt.
- In der Eintrittsgebühr für die Insel ist der Transport enthalten, die einzelnen Attraktionen kosten extra. Viele Tickets und auch die Leihräder sind bei Online-Buchung erheblich preiswerter.
- Alles Wissenwerte über Sentosa erfährt man auf der Webseite www.sentosa.com.sg.

TOUR-START: IMBIAH LOOKOUT 1

An dem Aussichtspunkt (mit Cable-Car-Station) gibt es Faszinierendes zu sehen: Das Kino **Sentosa 4D AdventureLand** lässt mithilfe von 3-D-Effekten, originellen Soundarrangements und sich bewegenden Sitzen Filme mit fast allen Sinnen erleben (tgl. 10–21 Uhr, ab 33 S$).

IMAGES OF SINGAPORE 2

Für historisch Interessierte vielleicht eine Spur zu bunt und verspielt, aber nichtsdestotrotz informativ: In den verschiedenen Abteilungen erzählen lebensgroße Puppen, teilweise in realitätsnah gestaltetem Ambiente, von den Anfängen Singapurs, den Kriegstagen, dem Weg in die Unabhängigkeit sowie vom Zusammenleben der verschiedenen Kulturen (in englischer Sprache, Mo–Fr 11–18, Sa, So 11–19.30 Uhr, ab 32 S$, www.imagesofsingaporelive.com). Der Eintritt gilt auch für das Wachsfigurenkabinett von **Madame Tussauds** nebenan, das sichtlich auf asiatische Kundschaft ausgerichtet ist, vor allem indische Besucher schießen vor den erstarrten Bollywood-Stars gern leidenschaftliche Selfies (Mo–Fr 10–18, Sa, So 10–19.30 Uhr, ab 32 S$, www.madametussauds.com).

BUTTERFLY PARK & INSECT KINGDOM 3

Hier umflattern Sie über 1500 farbenfrohe Schmetterlinge – aus mehr als 50 verschiedenen Arten. Das dazugehörige Insektarium beherbergt rund 3000 Klein- und Kleinsttiere, u. a. Nashornkäfer, Riesenspinnen und Skorpione (tgl. 9.30–19 Uhr, ab 18 S$, www.jungle.com.sg).

FORT SILOSO 4

In den unterirdischen Gängen der alten britischen Festungsanlage werden in Ton und Bild die Kämpfe um Singapur während des Zweiten Weltkriegs plastisch nachgestellt (tgl. 10–18 Uhr, Eintritt frei). Weitaus authentischer dokumentiert jedoch die Battle Box auf dem Fort Canning Hill › S. 83 das dramatische Kriegsgeschehen.

STRÄNDE

Gut 3 km misst der künstlich aufgeschüttete Strandabschnitt von Sentosa zwischen **Siloso Beach** und **Tanjong Beach.** Hier verkehrt die Beach Tram im 10-Minuten-Takt. Ein beliebter Ort zum Chillen ist der entspannte **Tanjong Beach Club** (www.tanjongbeachclub.com).

Am **Palawan Beach** kann man an der **Bora Bora Bar** Südseecocktails bestellen und sogar surfen – allerdings nur im Web. Einen Ritt auf künstlichen Wellen ermöglicht nicht weit entfernt am Siloso Beach das **Wave House** (Mo–Fr 12–21, Sa, So 11–21 Uhr, 35 S$, www.wavehousesentosa.org).

TOUR AUF SENTOSA

TOUR 8

INSELHÜPFER INS VERGNÜGEN

1 Imbiah Lookout
2 Images of Singapore
3 Butterfly Park
4 Fort Siloso
5 AJ Hackett
6 Skyline Luge & Skyride
7 iFly
8 Wings of Time
9 Merlion
10 Universal Studios / Resorts World

In den Universal Studios begegnen kleine Besucher auch Shrek und seinen Freunden

AJ HACKETT 5

Die Anlage am Siloso Beach bietet alles, was einen in 47 m Höhe schwindelig machen kann: Bungy Jump, Giant Swing, Vertical Skywalk und Skybridge (So–Do 10–19, Fr, Sa 10–21 Uhr, Bungee 159 S$, www.ajhackett.com/sentosa).

SKYLINE LUGE & SKYRIDE 6

Auf der 650 m langen Asphalt-Rodelbahn kommt man richtig in Fahrt. Anschließend geht's mit dem Sessellift wieder hinauf zur Startlinie (tgl. 10–21.15 Uhr, ab 24 S$, www.skylineluge.com).

IFLY 7

Im größten Indoor-Skydiving-Windkanal der Welt wird man buchstäblich in die Luft gepustet. Die Trendsportart Bodyflying lässt sich hier gänzlich gefahrlos ausprobieren (Mo, Di und Do–So 9–21.30, Mi 11–21.30 Uhr, 2 Skydives à 45 Sek. 119 S$, www.iflysingapore.com). › mehr S. 12 Punkt 8

ZWISCHENSTOPP: RESTAURANTS

Vielleicht ist es nun Zeit für einen Nachmittagskaffee im **Sofitel Sentosa Resort & Spa** › S. 32. Das Hotel in Gehweite zur Bora Bora Bar verfügt über einen großen Pool, einen exzellenten Garden Spa (auch für Tagesgäste) und mit **The Cliff** €€€ 1 (Tel. 6708 8310) über ein ausgezeichnetes italienisches Restaurant. Neben Tapas und Cocktails wird im **Le Bar** 2 auch ein stilvoller Afternoon Tea serviert (tgl. 14–18 Uhr, 40 S$, Reservierung unter Tel. 6308 8310). Gleich neben dem Resort liegt der sündhaft teure Golfplatz der Insel.

WINGS OF TIME 8

Eine populäre Attraktion ist die spektakuläre Lasershow »Wings of Time« am **Siloso Beach** nahe der Beach Station. Bis zu 3000 Personen können das faszinierende, 25-minütige Wasser- und Licht-Spektakel in einem großzügigen Amphitheater mit Blick aufs Meer verfolgen (tgl. 19.40 und 20.40 Uhr, ab 18 S$, www.wingsoftime.com.sg).

MERLION 9

Wieder eine Aussichtsplattform. Diesmal eine knapp 40 m hohe Nachbildung des Wahrzeichens von Singapur › S. 78, von der sich ein schöner Blick auf Skyline und Hafen bietet (tgl. 10–20 Uhr, ab 18 S$, www.onefabergroup.com/sentosa-merlion). › mehr S. 18 Punkt 37

UNIVERSAL STUDIOS/ RESORTS WORLD 10 ★

Für 6,5 Mrd. S$ kann man schon etwas verlangen: So viel wurde in die **Universal Studios,** sechs Hotels › S. 32 und das Casino investiert – und es hat sich gelohnt. In sieben Zonen gliedert sich das Studiogelände: Hollywood, New York, Sci-Fi City, Ancient Egypt, The Lost World, Far Far Away und Madagascar. Ein gut durchdachter Rundweg kanalisiert die Besucher, daher sieht man oft bekannte Gesichter in den vor allem an den Wochenenden und in Schulferien langen Schlangen vor den 22 teils grandiosen Themenfahrten wie Jurassic Park, Battlestar Galactica und Transformers. Es gibt Effekt-Kinos, diverse Shows und jede Menge Gelegenheit, sich auf der Straße mit Miss Molly und Frankenstein fotografieren zu lassen (Tagespass Erw. ab 79 S$, Kinder ab 59 S$, am Wochenende 10 % Aufpreis; der Express Pass garantiert ab 40 S$ zusätzlich spürbar schnelleren Eintritt an den Warteschlangen vorbei).

Teil der **Resorts World** ist, neben etlichen Hotels, auch das **S.E.A Aquarium,** das größte Ozeanarium der Welt. Zu den hier lebenden 100 000 Tieren aus über 1000 Arten gehören neben Haien auch Mantas und Riesenkraken. Beim **Adventure Cove Water Park** handelt es sich um einen Regenwald-Wasserpark mit Wellenbecken und 450 m langer Wasserrutsche. Das **Maritime Experiential Museum** informiert mit Schiffsmodellen und vielen interaktiven Exponaten über die Geschichte des Seehandels. Ein Boardwalk führt vom Museum aus an hübschen Restaurants vorbei. Am Eingang zum Casino stehen Schließfächer zur Verfügung, falls der Tagesrucksack zu schwer wird (weitere Infos unter www.rwsentosa.com).

VIVOCITY

Shoppen und schlemmen – Singapurs Mega-Einkaufszentrum **VivoCity** ist mit tollen Restaurants und Imbissständen ausgestattet. Vom riesigen Dachgarten hat man einen schönen Blick auf das nahe Kreuzfahrtterminal und auf Sentosa. Hier befindet sich zugleich der Verkehrsknotenpunkt für die gesamte Insel (MRT, Sentosa Express › S. 129).

AUSFLÜGE & EXTRA-TOUREN

Singapur verfolgt ein ehrgeiziges Ziel – aus dem Betondschungel soll die grünste Stadt der Welt werden

AUSFLÜGE

BUKIT TIMAH NATURE RESERVE 1 11

KARTE: Seite 136
DAUER: mindestens 4 Std.
PRAKTISCHE HINWEISE:

- Anfahrt mit Taxi oder Bus (Linie 75 ab Raffles Blvd./Pan Pacific Hotel, 171 ab MRT Dhoby Ghaut).
- Infos: Visitor Centre, 177 Hindhede Drive, Tel. 1800 468 57 36, www.nparks.gov.sg, tgl. 8–17.30 Uhr

Das weitgehend naturbelassene Dschungelreservat liegt im Herzen der Insel, 12 km von der Innenstadt entfernt. Durch das Refugium tropischer Pflanzen- und Tierarten führen vier Wanderwege und ein Mountainbike-Trail (Broschüre am Eingang). Erklimmen Sie den Bukit Timah Hill, den mit knapp 165 m höchsten Berg Singapurs, der eine gute Aussicht auf den Seletar-Wasserspeicher bietet. Denken Sie an feste Schuhe und Mückenschutz!

MANDAI NATURE PARK 2

KARTE: Seite 136
DAUER: ab 2 1/2 Std.
PRAKTISCHE HINWEISE:

- Anfahrt mit der MRT North-South Line zur Station Ang Mo Kio, von dort weiter mit Bus 138.
- Der Mandai-Bezirk wurde zu einem Naherholungsziel mit familienfreundlichen Unterkünften ausgebaut, das sich von Sentosa unterscheidet. Eingebettet in tropischen Regenwald mit Süßwasserumgebung befinden sich dort der Singapore Zoo (tgl. 8.30 bis 18 Uhr, 37 S$, www.zoo.com.sg), die Night Safari (ab 19.15 Uhr, letzte Rundfahrt um 23.15 Uhr, 49 S$, www.nightsafari.com.sg) und die River Safari (tgl. 10–19 Uhr, 34 S$, www.riversafari.com.sg).

SINGAPORE ZOO 12

Der weltbekannte Zoo beherbergt über 3000 Tiere, die inmitten tropischer Vegetation vorbildlich untergebracht sind: in weitläufigen, nur mit Gräben abgegrenzten Gehegen. »Open Zoo« heißt der auch wegen seiner Orang-Utan-Zuchterfolge renommierte Tierpark und lädt prompt zum »Jungle Breakfast with Wildlife« mit Orang-Utan & Co. ein (tgl. 9–10.30 Uhr, 35 S$) – mit vielen Erinnerungsfotos. Sehenswert sind die 30-minütigen Animal Shows im Amphitheater mit wechselnder Tierbesetzung (tgl. 10.30, 11, 11.30, 12.30, 14.30, 15.30, 16, 17 Uhr). In Kidzworld warten ein Wasserspielplatz und ein Streichelzoo, Besucher können auf Elefanten und Kamelen reiten. Der interaktive Nachtspaziergang Rainforest Lumina macht einen Teil des Regenwalds zum audiovisuellen Erlebnis (ab 19.30 Uhr, 18 S$, www.rainforestlumina.wrs.com.sg). > mehr S. 15 Punkt 25

NIGHT SAFARI ★

Nach Sonnenuntergang können Sie die Welt der nachtaktiven Tiere erleben. Per Trolley-Bahn werden Sie durch das Gelände gefahren, vorbei an den scheinbar offenen und diskret beleuchteten Gehegen. Fotografieren mit Blitzlicht ist verboten. Auch zu Fuß kommt man den Tieren nahe: auf drei Rundwegen, für die man zusammen zwei Stunden benötigt (2,8 km). Keine Angst, dass Sie sich im Dunkeln verirren oder gar einem Löwen auf den

1 Bukit Timah Nature Reserve
2 Mandai Nature Park
3 Southern Ridges
4 Jurong

Schwanz treten könnten: Das Personal schickt Sie immer auf den rechten Pfad. Nach 21.30 Uhr sind die Touren und Wanderwege nicht mehr so belebt. Ihr Abendessen können Sie übrigens vor der Night Safari am preisgünstigen Buffet oder à la carte im angeschlossenen Restaurant einnehmen.

RIVER SAFARI

Bootstouren auf den großen Flüssen dieser Welt, das bietet die Mandai River Safari und gibt dabei Einblicke in Flora und Fauna – leider bleibt zum Beobachten der Tiere nicht viel Zeit. Attraktion am Yangtze River sind zwei Riesen-Pandas im Giant Panda Forest.

5 Siong Lim Temple
6 Inseln im Süden
7 Pulau Ubin
8 Johor Bahru

SOUTHERN RIDGES 3

KARTE: Seite 136
DAUER: 2 Std.
PRAKTISCHE HINWEISE:

- Die Route Kent Ridge Park–Telok Blangah Hill Park–Mount Faber Park ist ca. 9 km lang.
- Ein guter Ausgangspunkt ist der HortPark, 33 Hyderabad Rd.: mit der MRT bis Harbourfront, dann Bus 61, 93, 100, 166 oder 963.

Der **HortPark,** ein Garten- und Fortbildungszentrum für Natur-Enthusiasten mit zehn Themengärten, verbindet den **Kent Ridge Park** mit dem **Telok Blangah Hill Park.** Weiter Richtung Osten erreicht man **Mount Faber Park,** Startpunkt für die Cable Car nach Sentosa › S. 129. Entlang des gut ausgeschilderten Wanderwegs geht man über futuristische Brücken, die einem riesigen Blatt ähneln oder einer sich windenden Schlange nachempfunden sind **(Henderson Waves Bridge),** und betritt den 250 m langen Canopy Walk, 25 m über dem Boden. › mehr S. 16 Punkt 26 Der Weg führt dann wieder zurück zum HortPark und weiter zum 300 m langen **Floral Walk** am Fuß des Alexandra Arch, der die Alexandra Road überspannt. Auf der anderen Seite befindet sich **Gillman Village,** ein ehemaliges britisches Militärcamp (heute Restaurants, Pubs und Kunstgalerien). Teilweise führt der nun folgende **Forest Walk** jetzt in bis zu 18 m Höhe durch das dichte Grün, ohne Stufen und ca. 1,3 km lang. Es folgt der **Hilltop Walk** durch den Telok Blangah Hill Park bis zur Henderson Waves Bridge. Nach der Überquerung der Henderson Road ist der **Mount Faber Walk** erreicht mit schönem Blick auf die Stadt und Hunderte von Schiffen, die auf Einfahrt in den Hafen warten. Von hier aus kommt man schnell zur Cable Car nach Sentosa.

Die Southern Ridges sind Teil einer großen Kampagne: Singapur soll sich von einer »Garden City« zu einer »City in a Garden« wandeln. Seit 1986 sind die begrünten Flächen in der Stadt auf fast 50 % der Gesamtfläche gewachsen. Immerhin 10 % des Stadtstaats stehen unter Naturschutz. Hinzu kommt das ambitionierte Projekt Gardens by the Bay › S. 90.

JURONG 4

KARTE: Seite 136
DAUER: mindestens ½ Tag, für beide Gärten und den Vogelpark 1 Tag.
PRAKTISCHE HINWEISE:

- Von der MRT-Station Chinese Garden sind die beiden Gartenanlagen gut zu Fuß zu erreichen.
- Zum Jurong Bird Park mit der East-West MRT bis Station Boon Lay, von dort weiter mit Buslinie 194.

In dem trockengelegten Sumpfgebiet im Westen Singapurs wurden Industrieparks angelegt, die mit Blumenbeeten und Grünanlagen ihre Bezeichnung tatsächlich verdienen.

Die Rippen der Henderson Waves Bridge am Mount Faber dienen als Sonnenschutz

Dazwischen liegen weitläufige Parks, die Erholung oder »tierische« Erlebnisse bieten.

CHINESISCHER UND JAPANISCHER GARTEN

Der **Chinese Garden** vereint zierliche Pagoden, rote Bogenbrücken und mit Seerosen und Wasserlilien bewachsene Teiche zu einer märchenhaften Szenerie. Alles eingebettet in eine akribisch gepflegte Gartenanlage im Song-Stil, umgeben vom Wasser des Jurong Lake (tgl. 6–23 Uhr, Eintritt frei).

Den benachbarten **Japanese Garden,** ebenfalls vom Jurong Lake umgeben, erreicht man vom Chinesischen Garten aus über eine Brücke. Ihn zeichnet eine Ästhetik klarer Linien und einfacher Formen aus. Wie zufällig gedeihen wohlplatzierte Zierpflanzen im Steingarten und am Rand von Bächen und Wasserfällen. Allerdings gibt es Pläne, diesen Garten zu schließen (tgl. 6–19 Uhr, Eintritt frei).

VOGELPARK

Rund 4600 Vögel von 380 verschiedenen Arten leben im **Jurong Bird Park.** Der gut durchdachten Architektur ist es zu verdanken, dass ein Großteil scheinbar frei umherfliegen kann: Die größte begehbare Vogelvoliere der Welt spannt ein gewaltiges Netz über 2 ha Grundfläche und ist fast 30 m hoch. Unterhaltsame Shows im Amphitheater locken viele Besucher an: »High Flyers« (tgl. 11 und 15 Uhr) mit verblüffenden Kunststücken der gefiederten Stars und die Flugdemonstrationen von Adlern und Falken (tgl. 10 und 16 Uhr) sind bei Besuchern besonders beliebt (2 Jurong Hill, tgl. 8.30–18 Uhr, 30 S$, www.birdpark.com.sg).

SIONG LIM TEMPLE 5

KARTE: Seite 136
DAUER: ca. 2 Std.
PRAKTISCHE HINWEISE:
- Anfahrt mit der MRT bis zur Station Toa Payoh oder per Taxi.

Mitten im Neubaugebiet Toa Payoh, dicht an einer Schnellstraße, breitet sich diese eindrucksvolle, 1908 fertiggestellte Tempelanlage mit ihren geschwungenen grünen Ziegeldächern und der siebenstöckigen Pagode aus. Buddha zu Ehren qualmen zwischen den grell rot gestrichenen Wänden Räucherkerzen und flackern Öllampen. Siong Lim ist einer der größten und lebendigsten Tempel Singapurs, erbaut von zwei wohlhabenden Hokkien-Geschäftsleuten (184E Jalan Toa Payoh, tgl. 8.30–17 Uhr).

VORGELAGERTE INSELN

KARTE: Seite 136
DAUER: mindestens 1/2 Tag.
PRAKTISCHE HINWEISE:
- Start der Boote meist vom Marina South Pier, Anfahrt mit der MRT bis Marina Bay (North South Line), dann durch Exit B bis zum Central Boulevard gehen und am Marina Bay Financial Centre Tower 3 den Bus 402 zum Terminal nehmen.
- Besuche auf St. John, Lazarus und Kusu Island kann man nur am Wochenende als Tagesausflug miteinander verbinden. Nach Pulau Ubin legt die Fähre am Changi Point Ferry Terminal ab (Fahrtzeit ca. 10 Min., Abfahrt, wenn 12 Pers. auf dem Boot sind, 3 S$), zu erreichen mit SBS Bus 2 ab City Hall oder Chinatown.

Rund 60 Inselchen gehören zum Territorium Singapurs, Sentosa eingeschlossen. Etwa die Hälfte ist besiedelt und nur wenige sind leicht erreichbar. Auf einer solchen *pulau*, so das malaiische Wort für Insel, lernen Sie das ursprüngliche Singapur kennen. Doch immer mehr Eilande werden zu touristischen Zielen mit Komforthotels und Freizeiteinrichtungen ausgebaut.

INSELN IM SÜDEN 6

Kusu Island (Pulau Tembakul) ist der Legende nach eine Riesenschildkröte, die sich südlich von Sentosa in Land verwandelt hat, um zwei schiffbrüchige Seeleute, einen Malaien und einen Chinesen, vor dem Ertrinken zu retten. Zum Dank errichtete der Malaie auf der Insel einen heiligen Schrein, der Chinese einen Tempel: Während zum **Keramat Abdul Rahman** regelmäßig malaiische Muslime pilgern, ist der **Da Bo Gong Temple** im neunten Monat des chinesischen Mondkalenders Ziel einer spektakulären Bootswallfahrt. › mehr S. 12 Punkt 3 Der hübsche, auf Stelzen aus dem Wasser ragende Tempel ist das ganze Jahr über einen Besuch wert, zumal ein passabler Badestrand ganz in der Nähe liegt.

Lazarus Island, Seringat Island und **St. John's Island** sollen zu Ferienzielen ausgebaut und langfristig durch Landaufschüttung miteinander verbunden werden. Schon jetzt gibt es zwischen Lazarus und Seringat Island einen künstlich aufgeschütteten, mit Kokospalmen bepflanzten Strand. Mit St. John's Island ist Lazarus Island durch eine Fußgängerbrücke verbunden. Auf St. John's sind die Strände gepflegter und feinsandiger, aber Lazarus Island erfreut sich großer Beliebtheit bei den Singapurern. Vielleicht weil sie hier noch unkorrigierte Natur abseits geebneter Spazierwege vorfinden. Nach St. John's Island und Kusu verkehrt ein Schiff ab Marina South Pier (Loop Mo–Fr 10 und 14, Sa 9, 11, 13 und 15, So 9, 11, 13, 15 und 17 Uhr, 18 S$, www.islandcruise.com.sg, Charterboot ab Marina South Pier ca. 90 S$/Std.).

PULAU UBIN 7 ★

Die Insel in der engen Meeresstraße von Johor zwischen Malaysia und Singapur gewährt Einblicke in ursprüngliches malaiisches Dorfleben inmitten üppiger tropischer Vegetation. Von den einst 3000 Insulanern leben heute nur noch rund 400 in einfachen Häusern.

Für einen Halbtagesausflug empfiehlt sich ein Taxi, das Sie im Dorf mieten können (ca. 35 S$ pro Std.). Besorgen Sie sich beim Fahrradverleih eine Karte der Insel und zeigen Sie dem Fahrer die Sehenswürdigkeiten, die Sie auf jeden Fall besuchen sollten: den farbenfrohen **Thai Temple** und den **Ma Chor Temple,** einen herrlich am Ufer gelegenen chinesischen Tempel mit Traumblick auf Singapurs Skyline. Pflicht ist der Besuch des **German Girl Shrine** nahe Ketam Quarry auf der Westseite der Insel. Er erinnert an die trauri-

Eine Pilgerfahrt zum Da Bo Gong Temple auf Kusu verspricht Reichtum und Kindersegen

ge Geschichte einer jungen Frau, die während des Ersten Weltkriegs ums Leben kam. Auf der Flucht vor britischen Soldaten, die bereits ihre Familie festgenommen hatten, stürzte sie in einen Steinbruch. Man widmete ihr den Schrein, in dem vor allem Glücksspieler zu ihr beten.

Einen ganzen Tag sollten Sie einplanen, wenn Sie die meist unasphaltierten Straßen der Insel auf Rädern erkunden wollen, die es in Ubin Village zu mieten gibt (5–18 S$ inkl. Karte). Das gastronomische Angebot ist bescheiden, man bringt am besten Verpflegung für ein Picknick mit.

› mehr S. 12 Punkt 1

INDONESISCHE INSELN

KARTE: Seite 136
DAUER: 2–3 Tage
PRAKTISCHE HINWEISE:

- Für Indonesien benötigen Sie einen mindestens noch 6 Monate gültigen Reisepass.
- Regelmäßig verkehren die Boote der Bintan Resort Ferries ab Tanah Merah Ferry Terminal (nahe Changi Airport, Fahrzeit 45 Min., 58–70 S$ hin und zurück, www.brf.com.sg).
- Nach Batam Island legen Fähren ebenfalls am Jetty in Tanah Merah (ab oder am Harbour Front Centre/ VivoCity › S. 133. (Boote ab 7.30 Uhr, Fahrzeit 30 Min., 34 S$ hin und zurück, Buchung bei Sindo Ferry, www.sindoferry.com.sg).
- Achtung: Auf den Inseln besteht ein Zeitunterschied von minus 1 Std. zu Singapur!

BATAM ISLAND

Die Dschungelinsel ist nur um ein Drittel kleiner als Singapur. Der Tourismus hat sie in Windeseile verändert. Hotels wurden gebaut und Straßen führen in Dörfer, die bis vor Kurzem nur vom Meer aus erreichbar waren. Batam ist auch Versorgungsbasis für die Erdölgewinnung vor der Küste. Doch reichlich Natur mit üppiger Vegetation, Ruhe und ursprüngliche Siedlungen gibt es immer noch. Nur die Badestrände lassen zu wünschen übrig. Boomendes Geschäftszentrum ist die Stadt Nagoya. Geführte Tagestouren sind buchbar über Batam Holidays Travel, Tel. 6546 1713, www.batamholidays.com.

BINTAN ISLAND

Pulau Bintan liegt näher bei Singapur als an den städtischen Zentren Indonesiens. Die beliebte Ferieninsel ist die größte des Riau-Archipels. Zwar träumen die Invcstoren immer noch von einem »Hawaii des Orients«, doch anders als das amerikanische Südseeparadies hat sich Bintan viel tropische Wildnis bewahrt. In Strandnähe beschert eine erstaunlich gute touristische Infrastruktur Unterkünfte für fast jeden Geschmack und Geldbeutel: vom einfachen Selbstversorger-Apartment bis zum Luxusresort. Die schönsten Badestrände liegen an der Ostseite, rund um Pantai Trikora. Sehenswert ist die historische Siedlung Tanjung Pinang im Südwesten (Weitere Infos, auch zu Unterkünften und Aktivitäten, unter www.bintan-resorts.com).

HOTELS

Banyan Tree Bintan €€€
Stilvolle Villen mit Meerblick, privatem Pool und Terrasse, eigener Strand, Pool, Spa, drei Restaurants.

- Jalan Teluk Berembang | Lagoi
  Tel. 0062 770 693 100
  www.banyantree.com

MALAYSIA

VERLAUF: Singapore > Johor Bahru > Kukup > Melaka

KARTE: Seite 136
DAUER: 2–4 Tage
PRAKTISCHE HINWEISE:

- Sowohl Individualreisende als auch Teilnehmer an einer geführten Tour benötigen für den Grenzübertritt einen mindestens noch 6 Monate gültigen Reisepass.

TOUR-START: JOHOR BAHRU 8

Nur etwa eine halbe Stunde Autofahrt trennt die malaysische Stadt von der City Singapurs. Allerdings kommen Sie nur mit einem mindestens zu drei Vierteln gefüllten Benzintank über die Grenze. Diese Bestimmung soll die Singapurer daran hindern, die viel preisgünstigeren Tankstellen im Nachbarland aufzusuchen. Fast alles ist in Malaysia billiger, insbesondere Textilien und Kunsthandwerk – also auf zu einem Einkaufsbummel!

Inmitten einer schönen Parkanlage liegt **Istana Besar**, der heute als Museum fungierende alte Sultanspalast. 1866 unter der Regierung von Sultan Abu Bakar begonnen, zeigt das Bauwerk deutlich viktorianische Einflüsse. Besucher bekommen Einblicke in die Schatzkammer des Sultans (Fr geschl.).

Nach einem Singapur-Städtetrip bietet sich Bintan Island zum Ausspannen an

Hoch über der Stadt erhebt sich imposant und schneeweiß die **Abu Bakar Mosque** von 1892, deren Fassade Stilelemente der europäischen Neorenaissance zeigt. Sehenswert ist auch der **Friedhof** mit der prunkvollen Grabstätte der Königsfamilie von Johor. In den umliegenden Kampongs begegnen Sie ursprünglichem Dorfleben.

ANREISE

- Die meisten **Taxis** in Singapur haben keine Lizenz für Malaysia.
- Zwischen Singapur und Johor Bahru verkehren Busse (mit MRT/U-Bahn bis Woodlands, dann umsteigen in den SMRT-Bus 950 bis Johor Bahru Sentral Bus Terminal) oder ab Stadtmitte: Bus 170 ab Queen Street Bus Terminal nahe Arab Street, nicht weit von MRT-Station Bugis.
- **Geführte Bustouren** dauern ca. 4 Std. (z. B. über **RMG Tours,** 109C Amoy St., Tel. 6220 8722, www.rmgtours.com, Abfahrt tgl. 8 Uhr, 43 S$).

KUKUP

Kukup ist ein noch ursprüngliches Fischerdorf an der Südwestküste Malaysias. Die Holzhäuser stehen größtenteils auf Pfählen. Allein die hervorragenden Restaurants, die fangfrisches Meeresgetier servieren, sind den Ausflug wert.

ANREISE

- Von Johor Bahru fährt man mit dem **Mietwagen** gut 1 Std. bis nach Kukup.
- **Geführte Bustouren,** meist mit Stopp bei einer Fischfarm und einer Kautschuk- oder Orchideenplantage, dauern ca. 9 Std. (z. B. über **Aart Farm,** Tel. 6250 0151, www.aartfarm.com, Abfahrt tgl. 8 Uhr).

MELAKA

Die zum UNESCO-Weltkulturerbe zählende Stadt gilt als historisches Kleinod Malaysias und liegt fast 220 km (ca. 3,5 Fahrstunden) von Singapur entfernt. Hier herrschte bis zum Anfang des 16. Jhs. eine Sultansfamilie, die von portugiesischen Kolonialherren abgelöst wurde. Danach kamen die Holländer, später die Briten. Entsprechend spannend hört sich die Geschichte des einstigen Malakka an der Westküste Malaysias an, woher viele Singapurer Peranakan-Familien stammen.

Ebenso interessant sind die zahlreichen Baudenkmäler aus den verschiedenen Epochen, insbesondere das Mitte des 17. Jhs. erkennbar von den Holländern erbaute **Stadthuys,** in dem heute das Historical Museum mit vielen interessanten Exponaten aus der kolonialen Vergangenheit untergebracht ist (tgl. 9–18 Uhr). Daneben errichteten die Holländer im Jahr 1741 ihre **Christ Church,** deren Bestuhlung noch original erhalten ist. Die Deckenbalken sind aus je einem einzigen Baumstamm geschnitzt.

Auf dem Hügel dahinter überragt die Ruine der im Jahr 1521 von den Portugiesen errichteten **St. Paul's Church** die Stadt. Allein die Aussicht, u. a. auf die berühmte Straße von Melaka, lohnt den Aufstieg. Im leeren Grab hier oben lagen ursprünglich die sterblichen Überreste des Missionars Francisco Xavier, bevor sie nach Indien überführt wurden. Eine Statue erinnert an ihn. Der Weg auf der anderen Seite den Hügel hinab führt zur **Porta De**

Eine schöne Art Melaka zu entdecken ist ein Spaziergang am Fluss entlang

Santiago, dem mächtigen Steintor, das einzig übrig geblieben ist von der 1511 gemauerten portugiesischen Festung A Famosa. Eine allabendliche Sound & Light Show macht die Geschichte lebendig.

Der **Cheng Hoon Teng Temple,** Malaysias ältester erhaltener buddhistischer Tempel von 1645, steht auf der anderen Seite des Melaka River. Auf dem Hauptaltar thront eine Statue von Kuan Yin, der Göttin der Barmherzigkeit.

Achtung: Zum Schutz der Menschen und der historischen Bausubstanz wurde in Melaka ein striktes Rauchverbot verhängt.

ANREISE

- Die in Singapur angebotenen **Tagestouren** können wegen der langen Anfahrt der geschichtsträchtigen Stadt kaum gerecht werden, zumal dabei kaum Zeit bleibt, sich in den vielen Antiquitätenläden umzusehen (nähere Infos unter www.rmgtours.com).
- Für Individualreisende starten **Expressbusse** stündlich in Singapur, z. B. ab Queen Street Bus Terminal nahe Arab Street, nicht weit von der MRT-Station Bugis (ca. 20 S$ einfache Strecke, Details unter www.myexpressbus.com und www.singaporemalaysiabus.com).
- Allgemeine Infos zu Melaka unter www.malacca.ws und www.gomelaka.my

HOTEL

Wer in Melaka übernachten will, kann unter zahlreichen Unterkünften für jeden Geldbeutel wählen, empfehlenswert ist z. B.:

Bayview Hotel Melaka €€–€€€
Zentral gelegen, nahe den Busterminals. Geräumige Zimmer, gutes chinesisches Restaurant.

- Jalan Bendahara | Melaka
  Tel. 0060 (0)6 283 9888
  www.bayviewhotels.com/melaka

EXTRA-TOUREN

TOUR 9

KURZER STOPOVER – SHOPPEN UND CHINATOWN

VERLAUF: Orchard Road > Sago Street > Mosque Street
DAUER: 2 halbe Tage mit je 3 Std. Gehzeit
VERKEHRSMITTEL:
Mit der MRT (U-Bahn) zum Ausgangspunkt an der Station Orchard Road, nach Chinatown mit der MRT bis zur Station Chinatown. Die beiden Abschnitte der Tour werden zu Fuß bewältigt.

Wem bis zum Anschlussflug ab Changi Airport nur ein Tag bzw. eine Übernachtung in Singapur bleibt, der sollte zumindest zwei wesentliche Merkmale der Stadt kennenlernen: die Konsumfreude, am besten zu erleben auf dem Nordwest-Abschnitt der **Orchard Road** > S. 91, und chinesische Lebensart im

Der Buddha Tooth Relic Temple bewahrt als größten Schatz einen Zahn des Erleuchteten

Herzen **Chinatowns** › S. 102. Verlassen Sie die MRT-Station Orchard Road Richtung **Wisma Atria** › S. 96. Das lebendige, mehrstöckige Shopping Centre befindet sich gleich neben dem neuen Einkaufstempel **ION Orchard** › S. 96 mit Beleuchtungsinstallationen des Singapurer Künstlers Matthew Ngui und dem gigantischen Konsumpalast **Ngee Ann City** › S. 96. Der sicherste Weg auf die andere Seite der stark befahrenen Orchard Road verläuft unterirdisch durch die Fußgängertunnel an der MRT-Station. Und schon stöbern Sie durch die akkurat arrangierten Verkaufsetagen des Kaufhauses **Tangs** › S. 96, um nebenan im **Lucky Plaza** › S. 96, einem der ersten und ältesten Shopping Centres in Singapur, auf überquellende Läden mit feilschenden Händlern zu treffen.

Auch jenseits der abzweigenden **Scotts Road** › S. 96 hält die Orchard Road mit Einkaufsbummel treppauf, treppab auf Trab: im **Shaw Centre** › S. 97, im durchgestylten **Palais Renaissance** › S. 97 oder hinter der Glasfassade des schicken **Wheelock Place** › S. 99. Nur das **Far East Shopping Centre** › S. 99 zeugt noch von althergebrachtem Handeltreiben in Singapur.

Das Erlebnis **Chinatown** › S. 102 beginnt imposant mit dem **Buddha Tooth Relic Temple** › S. 110. Der anschließende Rundgang führt mitten hinein ins touristische Gedränge von **Sago, Smith, Temple, Pagoda** und **Mosque Street** › S. 110, 111. Noch Freude am Konsum? Dann nichts wie rein ins immer noch volkstümliche **People's Park Centre** › S. 111 oder in die schick renovierte Mall **Chinatown Point** › S. 111.

TOUR 10

ALTES UND NEUES SINGAPUR

VERLAUF: Chinatown › Merlion Park › Bootsfahrt auf dem Singapore River › National Museum of Singapore › Peranakan Museum › Chijmes › Raffles Hotel › Raffles City

DAUER: 2 Tage, reine Gehzeit ca. 3 Std., Bootsfahrt ca. ½ Std.

VERKEHRSMITTEL:

1. Tag: U-Bahn bis zur MRT-Station Chinatown.

2. Tag: U-Bahn bis zur MRT-Station Dhoby Ghaut/Orchard.

1. Tag: Ein Bummel durch **Sago, Smith, Temple, Pagoda** und **Mosque Street** › S. 110, 111 führt die touristisch bespaßte Seite von **Chinatown** › S. 102 unterhaltsam vor Augen. Erst auf der South Bridge Road beginnt die fußläufige Zeitreise in das chinesische Viertel – ausgerechnet an einem indischen Baudenkmal, dem **Sri Mariamman Temple** › S. 104. Die leuchtend bunten Götterfiguren am Torturm machen ihn zu einem beliebten Fotomotiv. Doch dann geht es vorbei an stilistisch einheitlichen Fassaden in restauriertem China-Look. Zur Mittagspause haben Sie in den zahlreichen Restaurants um **Far East Square** > S. 105 und **China Square Central** > S. 105 die Qual der Wahl.

Der anschließende Verdauungsspaziergang führt nicht nur zum historischen **Wak Hai Cheng Bio Temple** > S. 106, sondern auch zum modernen, von Wolkenkratzern erfüllten Geschäftszentrum am Singapore River. Hinter dem eleganten **Fullerton Hotel** > S. 78 bietet der **Merlion Park** > S. 78 schöne Ausblicke auf die großzügig angelegte und mit einigen Hauptsehenswürdigkeiten ausgestattete **Marina Bay** > S. 88. Nehmen Sie Platz in einem der einladenden Terrassenlokale (One Fullerton) und unternehmen Sie anschließend eine **Bootstour auf dem Singapore River** > S. 79. Für den Heimweg empfiehlt sich die nahe gelegene MRT-Station Raffles Place.

2. Tag: Selbst am östlichen Ende der **Orchard Road** > S. 91 wird die Konsummeile noch ihrem Ruf gerecht. Doch dann geht es geradewegs in das koloniale Herz des Stadtstaates, wo Baudenkmäler von den britisch geprägten Anfängen zeugen. Besuche sowohl des **National Museum of Singapore** > S. 85 als auch des kleinen, aber feinen **Peranakan Museum** > S. 85 sollten unbedingt auf dem Tagesprogramm stehen. Vielleicht bleibt auch noch Zeit, die verwinkelte historische Anlage des **Chijmes** > S. 88 zu

Die Orchard Road ist die bekannteste Einkaufsmeile nicht nur Singapurs, sondern ganz Asiens

durchstreifen und hier in einem der ansprechenden kleinen Speiselokale eine Mittagspause einzulegen. Auf jeden Fall sollte man den Tag im stilvollen **Raffles Hotel** › S. 86, 88 ausklingen lassen – vielleicht in einem der guten Restaurants oder bei einem Singapore Sling an der 13 m langen Theke der Long Bar. Zur nächstgelegenen MRT-Station City Hall gelangt man bequem durch den benachbarten Komplex **Raffles City** › S. 88.

TOUR 11

KULTUR-, KONSUM- UND ANDERE TEMPEL

VERLAUF: Orchard Road › National Museum of Singapore › Peranakan Museum › Chinatown › Raffles City › Raffles Hotel › Marina Bay › Little India › Arab Street › Sentosa

DAUER: 4 Tage, reine Gehzeiten: 1. Tag ca. 1 Std., 2. Tag 3 Std., 3. Tag 2 1/2 Std., 4. Tag nur kurze Spazierwege

VERKEHRSMITTEL:

1. Tag: Anfahrt bis MRT-Station Orchard, zurück ab MRT-Station Dhoby Ghaut.

2. Tag: Anfahrt bis MRT-Station Chinatown, zur Raffles City MRT bis City Hall, zurück per Taxi.

3. Tag: Anfahrt bis MRT-Station Little India, zurück ab MRT-Station Bugis.

4. Tag: An- und Abfahrt bis/von MRT-Station Harbour Front.

1. Tag: Die **Orchard Road** › S. 91 zu erobern kann ungemein aufhalten, wenn man sich nicht dem einen oder anderen Shopping Centre verweigert. Mit etwas Disziplin bleibt am Ende der langen Einkaufsstraße der Nachmittag frei für kulturelle Erlebnisse: **National Museum of Singapore** › S. 85 und **Peranakan Museum** › S. 85 sollten Sie nicht versäumen. Zur MRT-Station Dhoby Ghaut geht es zurück zur Orchard Road.

2. Tag: Durchstreifen Sie zu Fuß **Chinatown** › S. 102, um durch enge Gassen zu restaurierten Shop Houses und alten Tempeln zu gelangen. Unterwegs gibt es reichlich Gelegenheit zu kulinarischen Abenteuern, ob in einfachen Hawker Centres oder den zahlreichen Restaurants. Der Rundgang beginnt am **Sri Mariamman Temple** › S. 104 und führt dann zum gastronomischen Zentrum am **Far East Square** › S. 105 und **China Square Central** › S. 105, um, vorbei am **Wak Hai Cheng Bio Temple** › S. 106, dem **Nagore Dargah Shrine** › S. 106 und dem **Thian Hock Keng Temple** › S. 106 in die McCallum Street abzuzweigen, wo eine Treppe zum **Ann Siang Hill** › S. 104 ansteigt. Oben

Der Blick über die Marina Bay auf die Skyline von Singapur ist gegen Abend am schönsten

gelangt man auf der Club Street zurück zur South Bridge Road und dem **Buddha Tooth Relic Temple** › S. 110. Abschließend laden **Sago, Smith, Temple, Pagoda** und **Mosque Street** › S. 110, 111 zum Bummeln ein.

Mit der U-Bahn gelangt man schnell von Chinatown zum Shopping Centre **Raffles City** › S. 88 (MRT-Station City Hall) und dem benachbarten **Raffles Hotel** › S. 86, 88, von wo es nicht weit ist zur Flaniermeile der **Esplanade** › S. 89 und den neuen Attraktionen rund um die **Marina Bay** › S. 89. Hier am Wasser kann man herrlich den Tag ausklingen lassen, am besten bei einem guten Abendessen in einem der vielen Restaurants. Für die Heimfahrt ist ein Taxi die bequemste Wahl.

ORIGINAL SINGAPORE WALKS

An jedem Wochentag findet mindestens eine Führung entlang eines bestimmten Weges statt. Jede bringt Sie zu schönen und geheimnisvollen Plätzen aus Singapurs Vergangenheit. Wie z. B. Singapur an die Briten verkauft wurde, erfährt man bei der »Sultans of Spice«-Tour durch das malaiische Kampong-Glam-Viertel. Und in Chinatown gewährt »Red Clogs down the Five Foot Way« u. a. Einblicke in die Praxis der Ahnenverehrung und die Traditionelle Chinesische Medizin. Englisch sollte man als Teilnehmer verstehen. Nähere Informationen und Angaben zu den Treffpunkten (Reservierungen sind nicht notwendig) bei **Journeys,** Tel. 6325 1631, fun@singaporewalks.com, www.journeys.com.sg, Kostenpunk ca. 38 S$/Pers. plus Eintritte.

3. Tag: **Little India** › S. 112 und das muslimische Viertel um die **Arab Street** › S. 118 liegen etwa 1 km voneinander entfernt. Der Weg führt entlang der Rochor und Beach Road. Wer lieber die U-Bahn nimmt, ist kaum schneller am Ziel, denn man muss zweimal umsteigen. Von der MRT-Station Little India sind es wenige Schritte bis in das Gassengewirr rund um die **Serangoon Road** › S. 114: Kleine Läden quellen über von bunten Auslagen, und aus Imbissen und Restaurants dringen exotische Wohlgerüche. Top-Sehenswürdigkeit ist hier der **Sri Veeramakaliamman Temple** › S. 114. Die Tour führt weiter durch die von orientalischer Geschäftigkeit erfüllte **Arab Street** › S. 118. Durch verschachtelte Gassen geht es zum alten Sultanspalast **Istana Kampong Glam,** heute das **Malay Heritage Centre** › S. 120 mit interessanten Ausstellungen zur Kultur und Lebensweise der malaiischen Bewohner Singapurs, und zur **Sultan Mosque** › S. 121, der größten Moschee Singapurs. Zurück können Sie von der MRT-Station Bugis fahren.

4. Tag: Den füllt gänzlich ein Besuch des Freizeit- und Vergnügungsparks auf der Insel **Sentosa** › S. 128 aus.

Mit einer Vielzahl von Attraktionen wartet Sentosa auf, Singapurs Antwort auf Disneyland

INFOS VON A–Z

ÄRZTLICHE VERSORGUNG

Die medizinische Versorgung ist ausgezeichnet. Ärzte finden Sie in den »Gelben Seiten« unter »Medical Practitioners«. Wichtig ist eine private Reisekrankenversicherung, die gegebenenfalls einen medizinisch notwendigen Rücktransport beinhaltet. Impfungen sind für Singapur nicht vorgeschrieben. Für Ausflüge nach Malaysia oder Indonesien ist evtl. eine Malaria-Prophylaxe ratsam.

- Adresse für Notfälle: **Traveller's Health and Vaccination Clinic,** Tan Tock Seng Hospital Medical Centre, Level 4, 11 Jalan Tan Tock Seng, Tel. 6256 6011, www.ttsh.com.sg, www.singhealth.com.sg

BARRIEREFREIES REISEN

Singapur ist für Reisende mit Handicap eine sehr unkomplizierte Stadt. Die Disabled People's Association bietet die englischsprachige Broschüre »The Physically Disabled Persons' Guide to Accessible Places« an (www.dpa.org.sg/resources/accessible-singapore-for-tourists).

DIPLOMATISCHE VERTRETUNGEN

In Singapur:

- **Deutsche Botschaft:**
  50 Raffles Pl., #12–00 Singapore Land Tower, Tel. 6533 6002,
  www.singapur.diplo.de
- **Österreichische Botschaft:**
  600 North Bridge Rd.,
  #24–04/05 Parkview Square,
  Tel. 6396 6350,
  www.bmeia.gv.at/oeb-singapur
- **Schweizer Botschaft:**
  1 Swiss Club Link, Tel. 6468 5788,
  www.eda.admin.ch/singapore

Vertretungen Singapurs in Europa:

- Voßstr. 17, 10117 Berlin,
  Tel. 030/226 34 30,
  www.mfa.gov.sg/berlin
- Am Stadtpark 9, 1030 Wien,
  Tel. 01/717 07 12 50,
  www.mfa.gov.sg/vienna
- Avenue du Pailly 10, 1219 Châtelaine,
  Tel. 022/795 01 01,
  www.mfa.gov.sg/geneva

EINREISE

Schweizer benötigen kein Visum, Deutsche und Österreicher nur für einen Aufenthalt über 3 Monate; sonst genügt ein Reisepass, der bei der Ausreise noch 6 Monate gültig sein muss. Für die Verlängerung des Visums ist **Singapore Immigration,** 10 Kallang Road, Tel. 6391 6100, www.ica.gov.sg, zuständig. Die Ein- und Ausfuhr von Devisen ist unbeschränkt. Barmittel über 30 000 S$ müssen deklariert werden.

ELEKTRIZITÄT

220 Volt, für Steckdosen brauchen Sie einen Adapter, den Sie mitbringen oder im Hotel erhalten (Weltreisestecker).

FEIERTAGE

Gesetzliche Feiertage sind der 1. Januar (Neujahrstag), Chinesisches Neujahr (Ende Januar/Anfang Februar), Karfreitag, Hari Raya Puasa (Ende des Ramadan, wechselndes Datum), 1. Mai (Tag der Arbeit), Vesak Day (wichtigster buddhistischer Feiertag, variabel im Mai), 9. August (Nationalfeiertag), Deepavali (Lichterfest der Hindus im November) und der 25. Dezember (Weihnachten).

GELD

Landeswährung ist der Singapur-Dollar (1 S$ = 100 Cents). Devisen können in Banken, Hotels und bei lizenzierten Geldwechslern umgetauscht werden. An Geldautomaten bekommen Sie mit Bank- oder Kreditkarte und PIN Bargeld (bei der Hausbank Gebühren bzw. Tageslimit bei der Kreditkarte erfragen).

Verbreitetes Zahlungsmittel sind Kreditkarten (am häufigsten Visa und Master-/Eurocard). Reiseschecks verlieren als Zahlungsmittel an Bedeutung, die Einlösemöglichkeit ist nicht mehr sichergestellt.

Wechselkurs (Mai 2019): 1 € = 1,54 S$, 1 CHF = 1,37 S$; 1 S$ = 0,65 €/0,73 CHF (tagesaktueller Kurs unter www.oanda.com, Link »Currency Converter«).

INFORMATIONEN

Das **Singapore Tourism Board (STB)** veröffentlicht unter www.visitsingapore.com (auch in deutscher Sprache) umfassende Informationen. Sehr hilfreich sind die App Singapore Travel Guide (iOS) und die Website www.mytransport.sg (ebenfalls mit App) über das Fortkommen in Singapur.

Büro in Europa:

- 60313 Frankfurt/M., Bleichstr. 45, Tel. 069/920 77 00, www.stb.gov.sg

Singapore Visitors Centres:

- Arrival Halls in den Terminals 1, 2 und 3, Changi Airport, tgl. 6–24 Uhr, In Terminal 3 bis 2 Uhr morgens.
- ION Orchard, Level 1, tgl. 10–22 Uhr (nächste MRT-Station: Orchard).
- Chinatown / Kreta Ayer Square, 2 Banda St. (hinter Buddha Tooth Relic Temple), tgl. 9–21 Uhr (nächste MRT-Station: Chinatown)
- 216 Orchard Rd. (neben Orchard Gateway, tgl. 8.30–21.30 Uhr (nächste MRT-Station: Somerset)
- 24-Std.-Hotline (gebührenfrei) in Singapur Tel. 1800 736 2000, aus dem Ausland Tel. 0065 6736 2000.

INTERNET

In Cafés und Fast-Food-Restaurants ist WLAN weit verbreitet und das staatlich geförderte Programm Wireless@SG hat an vielen öffentlichen Plätzen kostenlose WiFi-Hotspots eingerichtet. Nähere Infos: www.singtel.com/personal/i/internet/broadband-on-the-go/wireless-sg, www.imda.gov.sg/wireless-sg.

KLEIDUNG

Packen Sie legere, den schwülheißen Temperaturen angepasste Kleidung ein. Knappe Oberteile und Shorts sind z. B. für Sentosa Island richtig, bei einem Stadtbummel, vor allem durch islamisch geprägte Gegenden, aber unpassend. Ein leichter Pullover kann angesichts der Klimaanlagen nützlich sein.

NOTRUF

- **Polizei:** Tel. 999
- **Notarzt/Feuerwehr:** Tel. 995

POST

Postkarten (60 ¢) und Briefe (1,30 S$) erreichen Adressen in Europa nach wenigen Tagen. Infos zu den Postdiensten unter www.singpost.com.sg/postage-rate. Adressen von Postfilialen unter www.singpost.com/list-of-post-offices.

RAUCHEN

Rauchen ist dort, wo gegessen wird (drinnen und draußen), nicht erlaubt, auf der gesamten Orchard Road herrscht Rauchverbot, außer auf vereinzelten, gelb markierten Flächen. Der Abstand zu Gebäuden (oder Bushaltestellen etc.) muss mindestens 5 m betragen. Fragen Sie immer vor Ort nach den Regeln. Weitere Infos unter www.singaporelegaladvice.com/law-articles/smoking-singapore-legal-age-penalties-illegal.

SICHERHEIT

Singapur gilt als sehr sichere Stadt, auch für alleinreisende Frauen. Über Straftaten wird zur Abschreckung in der »Straits Times« ausführlich und mit Nennung von Namen berichtet. Überfälle auf der Straße sind selten, auf Wertsachen sollten Sie, wie überall, auch in Hotel aufpassen.

Der Verlust von Wertgegenständen und wichtigen Unterlagen ist sofort der Polizei zu melden: **Tanglin Police Station,** 21 Kampong Java Rd., Tel. 1800 391 0000.

TELEFON

Telefonieren vom Hotelzimmer aus ist i. d. R. preiswert (ca. 1 S$/Min.), erkundigen Sie sich aber an der Rezeption.

Deutsche Mobiltelefone funktionieren auch in Singapur. Über Roaminggebühren informiert Ihr Provider oder das Internet (www.teltarif.de). Bei einem längeren Aufenthalt lohnt sich der Kauf einer Prepaid Tourist Card/Tourist SIM Card in Singapur (*voice/data cards):* M1 Prepaid Tourist SIM, gültig 7 Tage mit 100 GB Daten, 500 Min. lokalen und 20 Min. internationalen Anrufen kostet 12 S$ in den M1-Shops, am Flughafen aber 30 S$ (www.m1.com.sg). Für 18 S$ bietet Singtel mit der hi!Tourist EZ-Link SIM Card ähnliche Leistung (www.singtel.com). Ein weiterer Anbieter mit gutem Angebot ist www.starhub.com. Die SIM-Karten können Sie sich an den Schaltern der Telefongesellschaften im Ankunftsterminal von Changi Airport einsetzen und einrichten lassen. Sie registrieren sich mit Ihrem Reisepass. Größere Hotelketten bieten ein Mobiltelefon an, das man für Ausflüge mitnehmen kann – kostenloses Internet und lokale Telefonate inklusive (www.hiinc.com/en/hi-hotels).

Falls Sie bei einem Anruf die Hilfe des *operators* benötigen, wählen Sie 104 oder 161, für die Auskunft 100.

Internationale Vorwahlen:

- Singapur 0065
- Deutschland 001 49
- Österreich 001 43
- Schweiz 001 41
- Malaysia 020 (von Singapur), 0060 (von Europa)

TRINKGELD

Tipping ist in Singapur weder im Restaurant noch im Taxi üblich, am Airport sogar verboten. Das Hotelpersonal erhält pro Gepäckstück 1 S$. Außergewöhnliche Leistungen sollte man natürlich auch mit Geld honorieren.

ZEIT

In Singapur gilt Singapore Standard Time (SGT). Die Zeitverschiebung zur MEZ beträgt + 7 Std., während der mitteleuropäischen Sommerzeit + 6 Std.

ZOLL

Zollfrei einkaufen kann man auch nach der Ankunft, *vor* der Passkontrolle, im Flughafen Changi. Aber Achtung: Alle mitgebrachten Tabakwaren müssen gegen eine Einfuhrsteuer von 0,39 S$ pro loses Gramm Tabak oder Zigaretten angemeldet werden, ganz gleich, wo man sie erworben hat. Maximal 400 g Tabakwaren dürfen mitgeführt werden. Alle in Singapur konsumierten Zigaretten müssen einen Stempel tragen (SDPC). Auch deshalb ist es wichtig, die mitgebrachten Tabakwaren beim Zoll zu deklarieren.

Reisende über 18 Jahre dürfen 1 l Spirituosen und 1 l Wein zollfrei einführen. Die Einfuhr von pornografischem Material und Waffen, aber auch von Kaugummi oder Kautabak ist verboten. Verschreibungspflichtigen Medikamenten zum persönlichen Gebrauch sollte ein Rezept beiliegen. Weitere Auskünfte unter www.customs.gov.sg/individuals.

Zollfreigrenzen bei der Wiedereinreise nach Europa: 200 Zigaretten, 1 l hochprozentiger Alkohol oder 2 l mit weniger als 22 Vol.-% und 4 l Wein; Geschenke im Gesamtwert von 430 € bzw. 300 CHF. Tierprodukte unterliegen dem Washingtoner Artenschutzabkommen. Weitere Auskünfte unter www.zoll.de.

URLAUBSKASSE

• Cappucino	5,50 S$
• Softdrink (Kiosk)	3,80 S$
• Bier (Pub)	8–16 S$
• Glas Wein (Pub)	9–17 S$
• Imbiss (Hawker)	ab 5 S$
• MRT-Fahrschein	1,50–2,60 S$

REGISTER

A Al-Abrar Mosque 108
Ann Siang Hill 104
Arab Street 118
Archaeological Dig 84
Armenian Church St. Gregory 83
ArtScience Museum 90
Asian Civilisations Museum 79

B Baghdad Street 122
Barrierefreies Reisen 152
Batam Island 142
Battle Box 83
Bintan Island 142
Boat Quay 79, 80
Buddha Tooth Relic Temple 110
Buffalo Road 114
Bugis Street 54
Bukit Timah Nature Reserve 135
Bussorah Mall 122
Butterfly Park 130

C Cable Car 129, 138
Cathedral of the Good Shepard 88
Cavenagh Bridge 78
Centre Point 94
Changi Airport 24
Chettiars' Hindu Temple 83
China Square Central 105
China Square Food Centre 106
Chinatown 54
Chinatown Complex 110
Chinatown Heritage Centre 111
Chinatown Point 111
Chinatown Street Market 111
Chinese Garden 139
Chinese Theatre Circle 111
Clarke Quay 54, 79
Coleman Street 83
Cuff Road 114
Cuppage Road 94
Cuppage Terrace 54, 94

D Delfi Orchard 98
Design Orchard 95
Diplomatische Vertretungen 152
Dunlop Street 114
Duxton Hill 109

E East Coast Park 127
East Coast Road 127
Einreise 152
Empress Place Building 79
Esplanade Park 89

F Far East Plaza 97
Far East Shopping Centre 99
Far East Square 105
Feiertage 152
Feng-Shui 68
Food Courts 44
Fort Canning Hill 83
Fort Canning Park 83
Fort Siloso 130
Forum – The Shopping Mall 99
Fuk Tak Chi Museum 106
Fullerton Building 78

G Gardens by the Bay 90
Geld 152
Geografie 58
Gesundheit 152
Geylang Serai 123
Geylang Serai Market 124
Goodwood Park Hotel 97

H Haji Lane 119
Hawker Stalls 46
HortPark 138

I IFly 132
Images of Singapore 130
Imbiah Lookout 130
Indian Heritage Centre 114
Indonesien 26, 142
Informationen 153
Internet 153
ION Orchard 96

J Jalan Kledek 120
Jalan Pisang 120
Jamae Mosque 111
Japanese Garden 139
Johor Bahru 143
Joo Chiat Road 126
Jurong 138
Jurong Bird Park 139

K Kampong Glam 119
Katong 123
Katong Shopping Centre 127
Kent Ridge Park 138
Keramat Iskandar Shah 84
Klima 23
Koon Seng Road 126
Kukup 144
Kusu Island 140

L Lau Pa Sat Festival Market 54
Lazarus Island 141
Lee Hsien Loong 59, 61
Lee Kuan Yew 58, 60
Leong San See Temple 116
Little India 112
Little India Arcade 114
Lucky Plaza 96

Malabar Jama'ath Mosque 120
Malay Heritage Centre 121
Malaysia 26
Malay Village 124
Mandai Nature Park 135
Mandarin Gallery 95
Marina Barrage 90
Marina Bay 76, 89
Marina Bay Sands 89
Marina Square 89
Maxwell Food Centre 109
Melaka 144
Merlion 78
Merlion (Sentosa) 133
Merlion Park 78
Millenia Walk 89
Mount Faber Park 138
Muslim Cemetery 120

Nagore Dargha Shrine 106
National Gallery 81
National Museum of Singapore 85
National Orchid Garden 99
Neil Road 109
Ngee Ann City 96
Night Safari 136
Notfälle 152, 153

Orchard Central 94
Orchard Plaza 93
Orchard Point 94
Orchard Road 48
Orchard Towers 98

Padang 80
Palais Renaissance 97
Paragon Shopping Centre 95
People's Park Complex 111
Peranakan Museum 85
Peranakan Place 94
Plaza Singapura 93
Pulau Ubin 141

Raffles City 88
Raffles Hotel 88
Raffles Landing Site 80
Raffles Place 78
Raffles, Stamford 60, 64, 84, 86
Raffles-Statuen 80
River Safari 137
Robertson Quay 54

Sago Street 110
Scotts Road 96
Sentosa 128
Serangoon Road 114
Seringat Island 141
Shaw House 97
Shopping 111
Sicherheit 153
Sightseeing-Touren 26
Singapore Art Museum 88
Singapore City Gallery 109
Singapore Flyer 89
Singapore Harbour 140
Singapore Musical Box Museum 108
Singapore River 76, **79**, 91
Singapore Visitors Centres 153
Singapore Zoo 135
Siong Lim Temple 140
Skyline Luge 132
Smith Street 111
Southern Ridges 138
Spice Garden 85
Sri Mariamman Temple 104
Sri Senpaga Vinayagar Temple 126
Sri Srinivasa Perumal Temple 116
Sri Vadapathira Kaliamman Temple 117
Sri Veeramakaliamman Temple 114
Stadtführungen 150
St. Andrew's Cathedral 83
St. John's Island 141
Sultan Mosque 121
Suntec City Mall 89

Tanglin Mall 98
Tanglin Road 97
Tanglin Shopping Centre 98
Tangs 96
Teck Soon Medical Hall 104
Tee 52
Tekka Centre 114
Telok Ayer Street 106
Telok Blangah Hill 138
Tempel 107, 117
Temple of 1000 Lights 117
Temple Street 111
T Galleria by DFS 97
The Arts House 79
Theatres on the Bay 89
The Heeren 95
The Intan 126
Thian Hock Keng Temple 106
Trengganu Street 111
Trinkgeld 154
Tudor Court 98

Universal Studios 133

Victoria Theatre & Concert Hall 79
VivoCity 133

Wak Hai Cheng Bio Temple 106
Wheelock Place 99
Wings of Time 133
Wirtschaft 59
Wisma Atria 96

Ying Fo Fui Kun Club House 106

Zeit 154
Zoll 154

BILDNACHWEIS

Coverfoto Little India, Singapur © AWL Images/Trower, Ian
Fotos Umschlagrückseite © Shutterstock/Andronov, Leonid (links); laif/Linkel, Thomas (Mitte); Shutterstock/Thanomphong-Jantharotjana (rechts)

AWL Images/Trower, Ian: 112; Getty Images/agrobacter: 128; Getty Images/fotoVoyager: 91; Getty Images/gollykim: 102; Getty Images/L'Anson, Richard: 56; Getty Images/Manaois III, Salvador: 74; Getty Images/Towfiqu Photography: 40; Goodwood Park Hotel: 97; Huber Images/Kisic, Sladja: 43; Huber Images/Simeone, Giovanni: 13; Huy, Stefan & Gebauer, Bruni: 8, 29, 53; iStock-photo/Byelikova, Oksana: 61; laif/hemis/Maisant, Ludovic: 85; laif/Linkel, Thomas: 14; laif/REA/Decout, Benoit: 9; laif/Sinopix/Jones, Richard: 48; LOOK-foto/Fleisher, Elan: 46, 107; mauritius images/Alamy/KATAYAMA, RAFAEL: 118; mauritius images/imageBROKER/Kohls: 19; mauritius images/View Pictures: 20; Shutterstock/Andronov, Leonid: 70; Shutterstock/Chatchawat Prasertsom: 150; Shutterstock/Chua, Ronnie: 30; Shutterstock/Delpixel: 16; Shutterstock/Deng, Songquan: 45; Shutterstock/DoublePHOTO studio: 39; Shutterstock/Durch: 86; Shutterstock/Efired: 15; Shutterstock/EQRoy: 120, 126; Shutterstock/f11photo: 100; Shutterstock/fosh: 143; Shutterstock/IamDoctorEgg: 6/7; Shutterstock/jenlo8: 27; Shutterstock/Kartinkin77: 33; Shutterstock/McClean, Zoe Jane: 47; Shutterstock/mehdi33300: 123; Shutterstock/MosayMay: 145; Shutterstock/Nguyen, Trong: 36; Shutterstock/Pla2na: 104; Shutterstock/Rasko, Iryna: 82; Shutterstock/RENATOK: 65; Shutterstock/RTNSR: 51; Shutterstock/Sam's Studio: 44; Shutterstock/SATHIANPONG PHOOKIT: 132; Shutterstock/Seah, Matthew: 134; Shutterstock/Sirikunkritta-phuk: 110; Shutterstock/Square Box: 17; Shutterstock/Stockforlife: 148; Shutterstock/ThanomphongJantharotjana: 18; Shutterstock/TY Lim: 92; Shutterstock/Wee, Lawrence: 139; Singapore Tourism Board: 24, 28; Singapore Tourism Board/Goh Koon Peng: 69; Singapore Tourism Board/Iglesias, Sylvia: 146; Singapore Tourism Board/Ng Soon Thong, David: 73; Singapore Tourism Board/Ng, Adelene: 121; Singapore Tourism Board/Tan Ah Ba: 67; stock.adobe.com/Chan, Richie: 10; stock.adobe.com/hakbak: 98; stock.adobe.com/joyt: 22; stock.adobe.com/phongthon preuksrira: 151; stock.adobe.com/totoon: 117; Unsplash/gigi: 76; Wikipedia/Daigordai: 108; Wikipedia/Thaejas: 141.

Liebe Leserin, lieber Leser,
wir freuen uns, dass Sie sich für diesen POLYGLOTT on tour entschieden haben.
Unsere Autorinnen und Autoren sind für Sie unterwegs und recherchieren sehr gründlich, damit Sie mit aktuellen und zuverlässigen Informationen auf Reisen gehen können.
Dennoch lassen sich Fehler nie ganz ausschließen. Wir bitten Sie um Verständnis, dass der Verlag dafür keine Haftung übernehmen kann.

Ihre Meinung ist uns wichtig. Bitte schreiben Sie uns:
GRÄFE UND UNZER VERLAG
Postfach 86 03 66, 81630 München, Tel. 0 89 / 419 819 41
www.polyglott.de

LESERSERVICE
polyglott@graefe-und-unzer.de
Tel. 0 800 / 72 37 33 33 (gebührenfrei in D, A, CH), Mo–Do 9–17 Uhr, Fr 9–16 Uhr

1. Auflage 2019

Dieses Buch wurde auf chlorfrei gebleichtem Papier gedruckt.
ISBN 978-3-8464-0461-4

Bei Interesse an maßgeschneiderten B2B-Editionen:
gabriella.hoffmann@graefe-und-unzer.de

Bei Interesse an Anzeigen:
KV Kommunalverlag GmbH & Co. KG
Tel. 089/928 09 60
info@kommunal-verlag.de

Verlagsleitung: Grit Müller
Verlagsredaktion: Anne-Katrin Scheiter
Autoren: Bruni Gebauer, Stefan Huy
Redaktion: Anja Lehner
Bildredaktion: Kathrin Schäfer
Mini-Dolmetscher: Langenscheidt
Umschlaggestaltung & Layout:
Independent Medien Design, München
Horst Moser (Artdirection), Lucie Heselich
Karten und Pläne: Huber Kartographie GmbH
Satz: uteweber-grafikdesign
Herstellung: Anna Bäumner, Gloria Schlayer
Druck und Bindung:
Printer Trento, Italien

PEFC
PEFC/18-31-506

GRÄFE UND UNZER

Ein Unternehmen der
GANSKE VERLAGSGRUPPE

MINI-DOLMETSCHER ENGLISCH

ALLGEMEINES

Guten Morgen.	Good morning. [gud **moh**ning]
Guten Tag. (nachmittags)	Good afternoon. [gud after**nuhn**]
Hallo!	Hello! [häl**loh**]
Wie geht's?	How are you? [hau **ah**‿ju]
Danke, gut.	Fine, thank you. [**fain, θänk**‿ju]
Ich heiße ...	My name is ... [mai **nehm**‿is]
Auf Wiedersehen.	Goodbye. [gud**bai**]
Morgen	morning [**moh**ning]
Nachmittag	afternoon [after**nuhn**]
Abend	evening [**ihw**ning]
Nacht	night [nait]
morgen	tomorrow [tu**morr**oh]
heute	today [tu**deh**]
gestern	yesterday [**jes**terdeh]
Sprechen Sie Deutsch?	Do you speak German? [du‿ju spihk **dsehöh**mən]
Wie bitte?	Pardon? [**pah**dn]
Ich verstehe nicht.	I don't understand. [ai **dohnt** ander**ständ**]
Würden Sie das bitte wiederholen?	Would you repeat that please? [wud‿ju ri**piht** ðät, **plihs**]
bitte	please [**plihs**]
danke	thank you [**θänk**‿ju]
was / wer / welcher	what / who / which [wott / huh / witsch]
wo / wohin	where [wäə]
wie / wie viel	how / how much [hau / hau **matsch**]
wann / wie lange	when / how long [wänn / hau **long**]
warum	why [wai]
Wie heißt das?	What is this called? [**wott**‿**is** ðis **kohld**]
Wo ist ...?	Where is ...? [**wäər**‿is ...]
Können Sie mir helfen?	Can you help me? [kän‿ju **hälp**‿mi]
ja	yes [jäss]
nein	no [noh]
Entschuldigen Sie.	Excuse me. [iks**kjuhs** miðə
rechts	on the right [on ðə reit]
links	on the left [on ðə left]
Gibt es hier eine Touristeninformation?	Is there a tourist information? [is‿ðər‿ə **tu**ərist infəmehschn]
Haben Sie einen Stadtplan?	Do you have a city map? [du‿ju häw‿ə **ß**iti mäpp

SHOPPING

Wo gibt es ...?	Where can I find ...? [**wäə** kən‿ai **faind** ...]
Wie viel kostet das?	How much is this? [**hau**‿matsch **is**‿ðis]
Das ist zu teuer.	This is too expensive. [ðis‿is **tuh** iks**pänn**ßiw]
Das gefällt mir (nicht).	I like it. / I don't like it. [ai **laik**‿it / ai **dohnt laik**‿it]
Wo ist eine Bank / ein Geldautomat?	Where is a bank / a cash dispenser? [**wäər**‿is ə‿**bänk** / ‿ə **käsch** dispännser]
Geben Sie mir 100 g Käse / zwei Kilo ...	Could I have a hundred grams of cheese / two kilograms of ... [kud‿ai häw‿ə **hann**drəd grämms‿əw **tschihs** / **tuh kill**əgrämms‿əw ...]
Haben Sie deutsche Zeitungen?	Do you have German newspapers? [du‿ju häw **dsehöh**mən **njuhs**pehpers]

ESSEN UND TRINKEN

Die Speisekarte, bitte.	The menu please. [ðə **männ**ju plihs]
Brot	bread [bräd]
Kaffee	coffee [**koffi**]
Tee	tea [tih]
mit Milch / Zucker	with milk / sugar [wið‿**milk** / **schugg**er]
Orangensaft	orange juice [**orr**əndseh‿dsehuhs]
Mehr Kaffee, bitte.	Some more coffee please. [ßəm‿moh **koffi** plihs]
Suppe	soup [ßuhp]
Fisch	fish [fisch]
Fleisch	meat [miht]
Geflügel	poultry [**pohl**tri]
Beilage	sidedish [**ßaid**disch]
vegetarische Gerichte	vegetarian food [wädsehə**tär**iən fud]
Eier	eggs [ägs]
Salat	salad [**ßäl**əd]
Dessert	dessert [di**söht**]
Obst	fruit [fruht]
Eis	ice cream [ais **krihm**]
Wein	wine [wain]
weiß / rot / rosé	white / red / rosé [wait / räd / **roh**seh]
Bier	beer [**bi**ə]
Mineralwasser	mineral water [**minn**rəl wohter]
Ich möchte bezahlen.	I would like to pay. [ai‿wud **laik**‿tə **peh**]

MEINE ENTDECKUNGEN

Teilen Sie Ihre Entdeckungen auf facebook.com/Polyglottreisewelt.

CHECKLISTE SINGAPUR

Nur da gewesen oder schon entdeckt?

☐ **DSCHUNGEL-FRÜHSTÜCK**
Der Singapore Zoo lädt zum »Jungle Breakfast with Wildlife« ein – Fototermin mit Orang-Utans und einer prächtigen Netzpython inklusive. > S. 135

☐ **EXOTISCHE BLÜTENPRACHT**
Im National Orchid Garden ist die größte Orchideensammlung der Welt zu bestaunen. Auch »Dendrobium Angela Merkel« blüht hier, zusammen mit anderen VIPs. > S. 15

☐ **BESUCH BEIM WAHRSAGER**
Schüttelstäbchen werfen war gestern: Im Thian Hock Keng Temple wird heute mit speziellen Computerprogrammen in die Zukunft geblickt. > S. 106

☐ **ENGLISH AFTERNOON TEA**
Im Kolonialambiente des Goodwood Park Hotel lässt sich dieser britischen Tradition besonders stilvoll huldigen – die raffiniert belegten Finger Sandwiches sind unwiderstehlich. > S. 14

☐ **EIN GANZES LAND AN EINEM TAG**
Auf dem 36 km langen Coast-to-Coast Trail kann man den Stadtstaat von Südwesten nach Nordosten durchwandern und dabei seine tropisch-grüne Seite kennenlernen. > S. 12

☐ **COCKTAIL IN LUFTIGER HÖHE**
Während man im 1-Altitude bei Sonnenuntergang seinen Singapur Sling schlürft, trennt nur eine Glaswand vom 282 m tiefen Abgrund. > S. 88

☐ **LATE NIGHT SHOPPING**
Der Street Market in Chinatown erwacht erst nach Einbruch der Dunkelheit richtig zum Leben, wenn bunte Lampions für schummrige Beleuchtung sorgen. > S. 12

MITBRINGSEL

- **Singapurs Nationalorchidee:** exotische Blütenpracht, in Gold gefasst als Schmuckstück > S. 16
- **Fernöstliche Aromen:** Curry-Würzmischung aus der Serangoon Road in Little India > S. 18